新编大宗商品交易

主 编 叶素文

浙江工商大学出版社
ZHEJIANG GONGSHANG UNIVERSITY PRESS
·杭州·

图书在版编目（CIP）数据

新编大宗商品交易 / 叶素文主编. — 杭州 : 浙江
工商大学出版社，2023.6
ISBN 978-7-5178-5428-9

Ⅰ. ①新… Ⅱ. ①叶… Ⅲ. ①现货交易－基本知识
Ⅳ. ①F713.1

中国国家版本馆 CIP 数据核字（2023）第 059202 号

新编大宗商品交易
XINBIAN DAZONG SHANGPIN JIAOYI

主　　编　叶素文

责任编辑　沈敏丽
责任校对　夏湘娣
封面设计　朱嘉怡
责任印制　包建辉
出版发行　浙江工商大学出版社
　　　　　（杭州市教工路 198 号　邮政编码 310012）
　　　　　（E-mail：zjgsupress@163.com）
　　　　　（网址：http://www.zjgsupress.com）
　　　　　电话：0571 - 88904980，88831806（传真）
排　　版　杭州朝曦图文设计有限公司
印　　刷　杭州钱江彩色印务有限公司
开　　本　787mm×1092mm　1/16
印　　张　9.25
字　　数　151 千
版 印 次　2023 年 6 月第 1 版　2023 年 6 月第 1 次印刷
书　　号　ISBN 978-7-5178-5428-9
定　　价　40.00 元

前　言

大宗商品交易是一门实践性很强的专业课程,是一门建立在产业经济学、管理学、金融学、投资学等理论基础上的应用学科,是大宗商品流通学科的一个重要组成部分。大宗商品交易包括电子类现货交易与期货交易。通过对本课程的学习,学生将了解并掌握大宗商品的交易对象、交易制度、交易分析、交易模式、交易风险控制等内容。课程关注国内外经济和政策的最新发展情况,理论联系实际,以学生为主体,突出对学生投资操作能力的训练和投资心理素质的培养,提高学生的综合投资能力。

课程标准

新形态教材建设项目

这是一门怎样的课程?

为了更好地开展大宗商品交易课程教学,实现大宗商品专业人才培养目标,提高学生的实践操作能力,我们编写了这本教材。我们在以下方面有所探索:

(1)探索校企合作编写教材的模式并进行合作教学。我们与从事大宗商品交易的著名企业的资深专业人员合作编写,以"理论讲授＋模拟交易"为基本教学模式,注重学生理论知识的学习与实践能力的培养。

(2)探索项目导向、任务驱动的教学模式。将大宗商品交易工作人员的工作内容融入主要章节的学习任务与综合训练项目中,突出实战性。

(3)加强案例教学。搜集整理国内外大宗商品交易的实践案例,提高教材的可读性和学生的学习兴趣。

(4)突出课程思政教学。每章有1—2个课程思政项目实训任务。理论联系实际,对思政元素进行有效挖掘并融合到课堂教学中,学生可扫码进入视频界面,听取如何有效使用该课程思政项目。

（5）强化交易逻辑与产业调研并举。要求学生独立思考，不迷信书本，不生搬硬套，不迷信所谓的"投资大师"，扎实地掌握好基本理论，打通交易逻辑。同时要做好现货市场和期货市场的调研工作。没有调查就没有发言权。要通过调研熟悉大宗商品产业市场，掌握供给侧与需求侧的变化规律，把握大宗商品价格变化趋势，在充分尊重市场的前提下，保持交易风格的客观性。

本教材由宁波财经学院大宗商品商学院叶素文博士编写前言及全部章节的内容，撰写课程思政案例，编制习题集，录制讲课视频与课程思政视频。

在本教材的编写与出版过程中，得到了宁波财经学院大宗商品商学院及浙江工商大学出版社的大力支持与帮助，同时也借鉴了国内外相关成果与资料，在此表示衷心的感谢。本教材可作为大宗商品交易专业的本科教材，也可以供其他相关专业学生、企业专业人士以及大宗商品投资者参考学习。由于编者水平有限，书中难免存在疏漏之处，请各位专家及广大读者批评指正。

编　者
2023 年 5 月

C ONTENTS 目 录

第1章　大宗商品交易概述

 本章要点

　　本章主要介绍大宗商品的含义及分类、大宗商品交易员的岗位职责及任职要求、如何成为优秀的大宗商品交易员等内容。通过学习本章，学生应了解优秀的大宗商品交易员需具备的素养，能够撰写职业素养提升计划并进行岗位应聘演说。

第1节　大宗商品概述

一、大宗商品的含义

　　大宗商品（bulk stock）是指可进入流通领域，但非零售环节，具有商品属性，用于工农业生产与消费的大批量买卖的商品。在金融投资市场，大宗商品指同质化、可交易、被广泛作为工业基础原材料的商品，如原油、有色金属、钢铁、农产品、铁矿石、煤炭等。

二、大宗商品的特点

（一）交易价格变化较大

　　大宗商品交易价格受到国际国内市场供求情况及投资风险的影响较大，交易价格变化较大。为了避免风险带来的贸易损失，需要采用金融衍生工具（如期货交易、现货电子仓单交易等）来进行远期对冲。

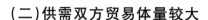

（二）供需双方贸易体量较大

大宗商品是用于工农业生产的原材料,在全球范围内形成充分竞争,贸易体量较大。

（三）产品质量标准化

大宗商品实行统一的标准化质量管理,交易合约严格规定了交割商品的质量等级,不符合标准的商品不能入库交割。

（四）储存与运输方便

大宗商品用于远期交割,耐储存,不易变质,便于运输,不会轻易形成货损。

三、大宗商品的类别

大宗商品有 3 个类别,即农副产品、金属产品与能源化工产品。

农副产品主要有 20 多种,包括玉米、大豆、小麦、稻谷、燕麦、大麦、黑麦、猪腩、活猪、活牛、大豆粉、大豆油、可可、咖啡、棉花、羊毛、糖、橙汁、菜籽油、鸡蛋等,其中玉米、大豆、小麦被称为三大农产品期货。

金属产品主要有 10 种,包括金、银、铜、铁、铝、铅、锌、镍、钯、铂。

能源化工产品主要有 5 种,有原油、取暖用油、无铅普通汽油、丙烷、天然橡胶等。

第 2 节　大宗商品交易的含义、特点与分类

一、大宗商品交易的含义

大宗商品交易是指投资者基于一定的交易平台（交易中心）和交易规则,通过交保证金的方式对大宗商品及其衍生品的合约进行投资的交易。大宗商品交易是股票交易、债券交易等传统投资渠道以外的一种新型投资渠道。大宗商品交易的买卖双方构成了大宗商品交易商,他们需要在法定的交易场所开户,并按照交易规定与监管规则进行交易。

二、大宗商品交易的特点

(一)实行保证金交易

保证金是一笔用来弥补大宗商品交易中信用风险的信用存款或金融担保。大宗商品交易双方在买卖合约时必须分别向交易所支付相应合约金额的一定比例的保证金,以保障双方履行合约。保证金是可以变动的,交易所可以根据规定随时调整保证金比例,但保证金只占合约金较小的比例,大宗商品交易是一种具有杠杆配资特征的投资方式。

(二)交易主体多元化

大宗商品交易主体范围比较广,大宗商品交易商主要包括大宗商品的上游生产商、中间贸易商以及下游生产商,他们为了控制大宗商品价格的波动风险,大都会积极通过大宗商品交易来对冲大宗商品价格波动风险。越来越多的个人投资者出于投资的需要,也踊跃参与到大宗商品交易中来。

(三)交易标的是大宗商品合约

大宗商品交易是从传统的大宗商品贸易衍生而来的,但大宗商品交易的对象不是货物本身,而是大宗商品合约。合约有标准化合约与非标准化合约之分。机构投资者可以根据需要通过交割获得合约载明的货物,而个人投资者不能进行交割,在合约到期前必须平仓。

(四)具有特定的合法交易场所

大宗商品交易必须依托法定的交易场所,必须在交易所依照有关法律法规进行公开、集中交易。

三、大宗商品交易的分类

(一)大宗商品现货交易

现货交易起源于传统的现货贸易,现货贸易中的"物物交换"是一种最古老的交易方式。随着经济的发展,现货贸易逐渐发展为零售、批发、代理交易、信托交易等多种灵活而新颖的交易形式。由于互联网快速发展,大宗商品现货交易逐渐平台化、电子化,不仅具有贸易功能,而且具备了价格发现功能与投资功能。在不改变现货贸易习惯的前提下,大宗商品交易不断创新交易规则与交易方式,使交易双方都能在交易所平台实现交易目的。本书所指的大宗商品现货交易,特指"大宗商品现货电子交易",如交易商在渤海商品交易所、中国花生商务网、宁波大宗商品交易所等平台进行的现货非标准化合约(合同)交易,锁定了交易当日的货物价格,减少了交易双方对未来市场价格波动的担心。除了大宗商品上游生产商、中间贸易商以及下游生产商可以在大宗商品现货交易平台上实现销售与采购目的以外,广大的个人投资者或机构也可以出于期货投资的目的进行交易。

(二)大宗商品期货交易

大宗商品期货交易是一种高级的交易方式,它是以大宗商品现货交易为基础发展起来的,即在现货远期合同交易的基础上,制定标准化期货合约,并通过交易平台以公开竞价的方式买卖期货合约。期货合约是由期货交易所统一制定的、在将来特定的时间和地点进行交割的载明数量与质量要求的标准化合同。期货交易的标的物是期货合约,它所对应的现货可以是商品(如铜或原油),也可以是金融指标(如股票指数、债券、利率、汇率)。大宗商品期货交易特指对金属产品、农副产品、能源化工产品等大宗商品的期货交易。简单来讲,大宗商品期货交易就是对大宗商品期货合约的交易,是期货合约交换的活动或行为。而期货交割是另外一种交换活动或行为,即在期货合约到期日对合约载明的标的物(基础资产)进行交换。

(三)大宗商品衍生品交易

大宗商品衍生品是指其价值依赖于基础资产价值的标准化合约或非标准化合约。标准化合约是指交易所事先对交易的标的物(基础资产)进行了约定,主要约定了交易价格、交易时间、资产数量与质量、交易方式。标准化合约交易需要在交易所提供的交易平台上进行,如期货交易。而灵活的非标准化合约由交易双方自行约定,如远期合约。目前国际上应用比较广泛的金融衍生品交易品种包括股指期货、利率期货、汇率期货以及相对应的期权交易与互换交易。而大宗商品衍生品交易主要指以大宗商品期货为中心的交易业务,目前应用比较广泛的主要是期权交易。

第 3 节　大宗商品交易员

一、大宗商品交易员的概念与分类

(一)大宗商品交易员的概念

一般地,大宗商品交易员(trader)就是指在交易中充当被委托人或者替对方交易的人,投放买入或卖出订单,希望能从中赚取差价(利润)。大宗商品交易员与经纪人不同。经纪人是一个人或公司,作为中间人为买卖双方牵线搭桥而收取佣金。

简单来说,交易员就是下单员,负责按设定好的交易计划进行买卖操作。交易员有时候也被称作操盘手。

(二)大宗商品交易员的分类

根据交易买入与卖出是否在当天完成,可将大宗商品交易员分为日内交易员与非日内交易员。日内交易员利用当天交易价格波动频繁操作,非日内交易员则将当天买入的合约在一天或若干天之后卖出,赚取差价,这有点类似于我国股市实行的T+1交易(即当日买进的股票不能卖出,要到下一个交易日及以后才能卖出)。

二、大宗商品交易员的岗位职责与任职要求

(一)一般交易员的岗位职责与任职要求

一般交易员的岗位职责如下:

(1)根据大宗商品交易业务参与制定相关企业交易制度及内控流程,并及时更新。

(2)严格遵守各项业务规章制度,有效避免各类操作风险。

大宗商品贸易人才的就业前景

(3)高效执行交易指令,保持与投资经理的有效沟通。

(4)妥善管理和保存与交易内容相关的记录和资料,做好保密工作。

一般交易员的任职要求如下:

（1）具有金融学、数量经济学或其他经济类相关专业的教育背景。

（2）熟悉国内大宗商品交易市场的各项交易规则、法规。

（3）沟通能力、人际交往能力、组织协调能力强。

（4）有责任心，自律、严谨并能承受较大的工作压力。

（5）有基金交易从业资格的优先，英语可作为工作语言者优先，有相关岗位全职实习经验者优先。

（二）高级交易员的岗位职责与任职要求

高级交易员的岗位职责如下：

（1）及时把握与交易品种相关的国际国内政治经济形势。

（2）多角度深入分析交易品种的基本面、技术面，及时捕捉套利机会与趋势交易机会。

（3）分析行情，做出每日交易计划与组合投资策略并及时上报。

（4）准确执行上级下达的交易指令，及时反馈执行情况和市场变动信息。

（5）在一定授权范围内负责公司指定账户的资金运作，并及时监控公司账户持仓、成交、资金使用情况，汇报异动情况。

（6）科学评估交易风险动态，及时调整仓位，控制投资风险。

（7）及时总结交易经验教训，调整交易策略，完成年度盈利目标。

（8）指导一般交易员进行交易品种的板块动态信息搜集、整理与分析工作。

（9）指导一般交易员做好账户日常管理和统计工作，及时归档保存交易过程资料。

高级交易员的任职要求如下：

（1）科班学历。具有大学本科及以上学历，具有期货、国际贸易、金融、证券等相关专业的教育背景。

（2）实践经历。从事大宗商品期货实盘交易 5 年以上，负责过一定规模资金的交易操作且取得较好的交易业绩（能够提供历史交易记录）。

（3）分析能力。具有很强的数据运算能力及宏观经济数据分析能力，对大宗商品交易有一定的见解。

（4）情绪控制。纪律性强，诚信，忠诚，谦虚好学，具有自信果敢、冷静理智、坚毅执着等性格特征，具有高度的责任心和团队合作精神。

（5）法律法规。熟悉交易流程与相关法律法规，有较强的交易操作能力、价格预测能力以及风险控制能力。

（6）交易逻辑。具有良好的沟通能力，能够逻辑清晰、层次分明地表达投资见解，能够独立撰写高质量的投资报告。

第4节 如何成为优秀的大宗商品交易员

一、优秀的大宗商品交易员具备的素质

一般来说，具有以下 7 个方面特征的交易员更容易成为优秀的交易员。

（一）善于制定交易策略

交易策略是行动的指南，一般来说，每个优秀的大宗商品交易员都会通过实践形成自己独特的交易策略。一般的交易策略有价值发现、增长分析以及做多做空等。交易策略没有好坏之分，只有适不适合，策略通常与交易员的性格相匹配。策略不是不能改变的，而是应该与时俱进，以便更能适应动态的市场环境变化。

（二）善于培养交易信心

信心是交易成功的基础。只有坚持自己的交易策略，坚信自己正在从事的事业的重要性，并且坚信交易中犯的错可以通过不断学习与实践得到修正，才能逐步提高交易能力。

（三）专注擅长领域

市场上投资标的有很多，一个人的精力、经验与能力是有限的，因此优秀的交易员会专注于自己能够把控的投资品种。在期货、现货、货币、股票、期权、债券等投资领域选择自己喜欢的品种，深入研究，专注于少数几个品种，通过不断实战，形成自己的专长，而不是到处撒网。

（四）找到自己的"投资时钟"

每天交易时间很长，但不一定每个时间点都适合下单操作，每个优秀的交易

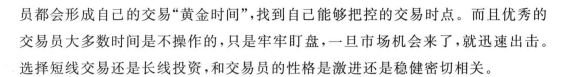

员都会形成自己的交易"黄金时间",找到自己能够把控的交易时点。而且优秀的交易员大多数时间是不操作的,只是牢牢盯盘,一旦市场机会来了,就迅速出击。选择短线交易还是长线投资,和交易员的性格是激进还是稳健密切相关。

(五)果敢决断

时机到了要迅速出击,因为市场投资的机会稍纵即逝。优秀的交易员具有交易执行的魄力,而不是犹豫不决、瞻前顾后。交易方向正确的时候果断下单,交易方向错误的时候果断纠错。

(六)具有交易执念

交易执念就是交易坚持。内心执念可以使交易员在交易市场上砥砺前行,坚持不懈。执念既包括交易方向正确的时候执着坚持,更包括交易方向错误的时候坚决改正,因此执念绝不是固执。

(七)适时止损

在交易市场中,犯错是常事,即使是优秀的交易员,也会经常犯错。错误本身并不可怕,怕的是不改正。止损就是一种改正交易错误的有效操作策略,可以有效降低机会成本,从而"东山再起"。

二、优秀的大宗商品交易员的成长路径

优秀的交易员(高级交易员)都是从一般交易员(交易员、初级交易员)逐渐成长起来的。一般交易员主要是执行指令的,也被称为"执行交易员"。他们的主要工作是接受来自客户或交易经理的指令,在规定的交易时间内,通过自己对交易盘面的科学分析、判断与把握,尽可能在收益最大化的基础上完成交易指令,并做好交易台账的记录、整理与统计工作。一般交易员在执行交易指令时,限于主观压力与客观技术水平等,可能会出现交易失误,报告主管后,会将出错的单子放到公司专设的"交易差错池"账户中去,交易执行失误导致的客户损失由公司承担。

一般交易员工作一段时间后,积累了一定的交易经验,建立了一定的客户关系管理基础,这时候其不仅要负责执行交易指令,还要维护客户关系,促进客户主动下单交易,以此来提高交易量,增加公司佣金。为了激发客户主动交易,交易员就需要给客户讲解宏观经济状况、中观产业政策、微观的企业发展状况以及交易

技术,执行客户交易指令,并给出交易建议。一般交易员的服务模式在发生变化,被动接电话变成主动打电话,服务内容也升级了,其甚至担任客户交易的助理分析研究员。

经过不断锤炼,只有极少数的一般交易员能够成为优秀的交易员。一般交易员通过分析市场、预测市场趋势,试图找到赢利机会。而优秀的交易员更关心风控问题,在控制交易风险的前提下,影响市场、引领市场甚至创造市场。他们历经牛市与熊市变化的完整周期,积累了丰富的交易经验,交易出错率大为降低,具有较强的大额资金交易以及风险管控的能力。

从一般交易员发展为优秀交易员的路径有两条:交易服务型路径和产业服务型路径。

(一)交易服务型路径

交易服务型路径通常是直接进入模式,即一个人大学毕业后直接进入交易机构,从文员做起,历经一般交易员各个发展阶段,不断提升交易素养与水平,大浪淘沙,最终成为高级交易员。在这个过程中,交易员需要不断接受与交易业务相关的知识和技能的培训,逐步修炼成为优秀的交易员。优秀交易员的职业发展路径是交易员—初级交易员—高级交易员。

(二)产业服务型路径

交易服务型路径不能满足投资机构对优秀交易员日益增长的需求,因此产业服务型路径应运而生。产业服务型路径是指一个人大学毕业后进入大宗商品交易相关领域的机构从事相关服务工作,从基层做起,积累经验后逐渐晋升为中高层管理者,最后到交易机构担任高级交易员。在实践中有许多大宗商品交易相关领域的产业分析员、行业研究员、营销经理、贸易经理、物流经理、投行经理、基金经理最终成为优秀的交易员。

交易所平台 模拟交易软件

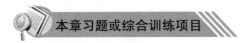
本章习题或综合训练项目

1. 大宗商品与普通商品有什么不同?

2. 根据优秀交易员的七大素质,请你进行素质自检分析,并根据分析结果撰写一份你应聘大宗商品交易员岗位的职业素养提升计划。

课程思政项目

课程思政项目之一:世界大宗商品"定海神针"

1. 背景材料

2021 年全国期货市场累计成交量约为 75.14 亿手,累计成交额约为 581.20 万亿元,同比分别增长 22.13% 和 32.84%。2021 年全国期货市场累计成交量、累计成交额均创下历史新高,显示出在全球经济复苏放缓、新冠疫情持续干扰、输入型通胀压力不减、国内保供稳价政策的调控下,广大产业客户和各类避险机构利用期货期权管理现货价格风险的强烈需求。

上海期货交易所 2021 年成交量为 24.45 亿手,成交额为 214.57 万亿元,同比分别增长 14.9% 和 40.4%,分别占全国市场的 32.55% 和 36.92%。

郑州商品交易所 2021 年成交量为 25.81 亿手,成交额为 107.99 万亿元,同比分别增长 51.75% 和 79.73%,分别占全国市场的 34.36% 和 18.58%。

大连商品交易所 2021 年成交量为 23.64 亿手,成交额为 140.45 万亿元,同比分别增长 7.12% 和 28.62%,分别占全国市场的 31.47% 和 24.17%。

中国金融期货交易所 2021 年成交量为 1.22 亿手,成交额为 118.16 万亿元,同比分别增长 5.86% 和 2.37%,分别占全国市场的 1.62% 和 20.33%。

大宗商品期货交易是世界大宗商品资源价格的稳定器。进入后疫情时期后,作为世界工厂,我国仍然是世界上最大的能源消费国:既是世界最大原油进口国,也是煤炭和天然气的最大消费国之一。在 2020—2021 年国际能源市场波动下,WTI(West Texas Intermediate,美国西得克萨斯轻质中间基原油)价格甚至达到负值,这时候中国的能源市场反倒逆势而动,发挥了"定海神针"的作用。

2. 思政项目任务布置与要求

(1)从学科专业角度,谈谈如何利用期货市场推动我国大宗商品流通进一步发展。

（2）我国大宗商品交易在全球流通市场话语权的提高，给我们带来了巨大的自豪感。请你理论联系实际，谈谈这种变化会对我国经济发展、个人生活幸福体验产生怎样的积极影响。

课程思政 指引一

关键词：话语权 定海神针

第 2 章　我国大宗商品交易市场概述

 本章要点

本章主要介绍我国大宗商品交易市场的发展历程、现状与发展趋势,我国大宗商品电子类现货交易、期货交易等内容。通过学习本章,学生应了解我国大宗商品交易市场的结构、大宗商品现货交易的作用与优点以及大宗商品期货交易开户流程等。

世界期货市场是怎样产生的?

第 1 节　我国大宗商品交易市场的发展状况

一、我国大宗商品交易市场的发展历程

我国大宗商品交易市场发展时间不长,20 世纪 50 年代以来大致经历了指令性交易、市场化交易试点、期货交易推行、交易市场整顿、期货市场规范发展、市场交易创新发展等 6 个阶段。

(一)指令性交易阶段

时间为 1953 年至 1978 年,这一时期属于产品短缺的计划经济阶段,商品交

换实行统购统销和票证供应,市场价格属于中央计划的指令性价格,经济主体不需要承担市场风险。1953 年,国家对粮、棉、油等大宗商品实行统购统销政策,采取加工、订货、统购、包销等形式,掌握主要货源,对资本主义工商业实行利用、限制、改造政策,逐步形成以国营商业为主导,合作社商业、私营商业、国家资本主义商业与个体商业并存的局面,实行凭票供应。1956 年,国家对私营工商业实行社会主义改造,各地相继建立了国营性质的土特产交易市场和粮食交易市场,以国营商业为主导的社会主义统一市场基本形成。1962 年,为了贯彻"调整、巩固、充实、提高"方针,国家调整商业管理体制,开放集市贸易,多数商品敞开供应,逐步取消高价议价销售。"文化大革命"期间,商业再次受挫,集市贸易受到限制,又恢复了凭票供应,交易市场由国营商业经营。

(二)市场化交易试点阶段

时间为 1979 年至 1988 年。这一阶段我国开始实行改革开放政策,计划经济体制向市场经济体制转轨,逐步放开市场价格,实行价格"双轨制",市场风险逐渐呈现,大宗商品交易市场开始试点,如重庆试点自由贸易中心等。

(三)期货交易推行阶段

时间为 1989 年至 1993 年。这一阶段我国确立了社会主义市场经济体制。为了对冲现货价格波动,我国开始推出期货市场,郑州商品交易所的成立标志着我国期货市场的诞生。交易市场发展迅速,交易所和期货经纪公司遍地开花,截至 1993 年底,全国共有 50 家交易所、320 家期货经纪公司、2000 家可代理期货交易的会员单位。这一阶段制度建设与行业监管跟不上,导致投机盛行,交易市场管理混乱,负面影响较大。

(四)交易市场整顿阶段

时间为 1994 年至 1999 年。这一阶段我国加大了制度建设与行业监管力度,对期货市场进行了两轮整顿清理,全国性的商品期货交易所保留 3 家,以中国证监会为主体的行业监管机构成立,开始着手规范发展大宗商品交易市场。

(五)期货市场规范发展阶段

时间为 2000 年至 2010 年。这一阶段我国加快规范发展期货交易市场的步伐,加强对期货保证金管理与现货市场电子交易的监管,出台了《期货交易管理条

例》《大宗商品电子交易规范》等文件,开始出现大宗商品现货电子交易平台。

(六)市场交易创新发展阶段

时间为 2011 年至今。经过期货交易制度建设与监管的纵深发展,交易基础变得更加牢固,期货品种不断丰富,期货市场对实体经济的服务能力不断强化,区域化的具有创新性的大宗商品交易平台发展较快(如渤海商品交易所、余姚塑料城电子交易平台等)。

二、我国大宗商品交易市场的现状

(一)我国大宗商品交易市场的结构

经过以上 6 个阶段的发展,目前我国大宗商品交易市场的结构如图 2-1 所示。

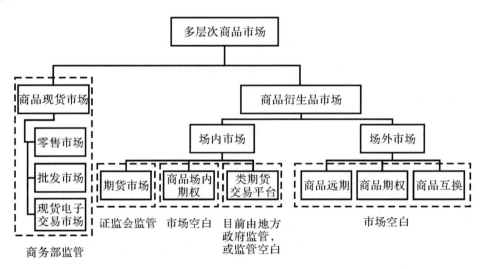

图 2-1　我国大宗商品交易市场的结构

(1)现货市场。此类市场主要有批发市场、零售市场以及现货电子交易市场,由商务部监管。

(2)期货市场。此类市场以上海期货交易所、郑州商品交易所和大连商品交易所为核心,由中国证监会监管。

(3)类期货与期权市场。此类市场主要是部分利用期货交易规则进行商品中远期和类期货交易的地方交易所。除期货市场由中国证监会监管外,此类市场中的其他市场监管主体并未明确,目前主要由部际联席会议制度规范,商务部也曾发文指导地方政府对其进行监管。

(二)我国大宗商品交易市场存在的问题

我国大宗商品交易市场发展时间不长,与发达国家的成熟市场还有不小的差距。

(1)市场体系不够健全。目前我国大宗商品交易市场条块分割,地方保护主义较重,监管难以到位,市场价格信息不对称,资源配置不合理,还没有形成全国统一的市场体系,不利于供给侧改革与产业可持续发展。

(2)交易方式比较单一。我国大宗商品交易规模不大,集约化程度不高,尤其是电子化交易平台的市场组织体系比较薄弱,交易方式比较传统且单一,市场化运行效率有待提高。

(3)风控手段比较缺乏。大宗商品交易衍生品发展不够充分,大多数实体企业无法参与大宗商品交易套期保值,市场风险压力较大,只能被动应对市场价格波动带来的巨大风险。

(4)国际市场话语权比较弱。尽管我国是全球大宗商品的主要采购商,大宗商品战略性能源与矿产对外依赖度较高,但大宗商品市场定价权却被牢牢掌握在国外供应商手中,我国企业赢利能力较弱,造成巨大财富流失。

(5)大宗商品交易监管立法相对滞后。需要针对大宗商品不同市场、不同业态进行针对性监管立法,以便尽快优化市场资源配置,提高交易运行效率,为建立全国统一的现代化大宗商品交易市场保驾护航。

三、我国大宗商品交易市场的发展趋势

随着大宗商品交易法律法规的逐步完善,我国大宗商品交易环境得到很大改善,尤其是随着互联网技术的发展与运用的普及,电子化交易得到很大发展,促进了大宗商品交易平台与交易模式的迅猛发展,交易品种与交易体量也逐年增加。交易行情逐步与国际行情密切相关,我国大宗商品交易正逐渐成为国际大宗商品交易的重要组成部分。

大宗商品交易始终是为实体经济服务的,金融投资功能不管如何创新与转型,都不能脱离实体经济。大宗商品交易以后会逐渐向"供应链金融""物流金融""产业互联网""产业电商"等新型领域发展,投资主体参与度、交易规模、交易模式

等都会得到较快提升与发展,充分展示大宗商品交易市场的活力。

另外,随着交易制度的不断完善,市场容量的不断发展,国际大宗商品市场发展越来越成熟,尽管短期会有"牛熊交替"的情况,但从长期来看,大宗商品交易震荡上扬趋势比较明显。尽管全球原油期货价格在 50 美元/桶附近盘整,美国经济通胀会有一定反复,但大宗商品交易的市场环境与政策环境会进一步促进交易模式的创新与交易规模的扩大。

党的二十大指引期货市场高质量发展

第 2 节　我国大宗商品电子类现货交易概述

一、大宗商品电子类现货交易的发展状况

近年来,随着互联网技术的快速发展,我国大宗商品电子类现货交易市场蓬勃发展,各种区域化、专业化市场得到较快发展。各种交易平台纷纷推出,交易模式创新较快。这一切都是在 20 世纪 80 年代批发市场的基础上发展而来的。早在计划经济时代,我国就建立了国有性质的批发市场,有力地促进了市场流通,合理地配置了市场资源。改革开放后,20 世纪 80 年代中期,批发市场模式纷纷向自由贸易流通模式转型,区域性生产资料贸易中心逐步构建。到了 20 世纪 90 年代初期,中远期合约订货的交易方式逐步试点,郑州粮食、广西食糖、吉林玉米、湖南金属等专业化"大宗商品电子交易中心"相继建立,交易市场由区域性向全国性乃至国际性过渡,并得到了较好发展。

二、大宗商品电子类现货交易的作用

(1)结算方便,可避免企业货款债务纠纷。交易规则采用了类似于期货交易、现金交易的系统与科学的交易监管制度,保证了交易的公开、公平、公正,交易双

方的利益得到保障,且有效规避了企业之间的"三角债"问题。

(2)合约与交割标准化,可保证交易货物的质量。采用了标准化仓单进行交易,对交易仓单进行定级,根据不同级别进行定点的交割库仓储管理,使交易货物的质量得到充分保障。

(3)第三方物流体系可保障交易效率。物流系统中运输与仓储配送技术的迅猛发展,使得物流效率大大提高,保障了大宗商品线下交割的高效性。

三、大宗商品电子类现货交易的特点

(1)现货仓单标准化。交易对象的仓单在数量、质量以及物流仓储等方面都做了统一规范的要求,形成了标准化交易合约。

(2)网上交易集中化。通过互联网技术,交易集中在线上进行,交易组织与交易监管也呈现出电子化、系统化的特点。

(3)双向交易,对冲机制灵活。借鉴期货交易规则,进行双向交易与风险对冲,使得交易更加灵活与简单。采用保证金制度与 T+0(当天买入,当天卖出)制度,满足不同客户的需求,增强了各交易主体的参与意识,保障了各交易主体的切身利益。

四、大宗商品电子类现货交易的优点

(1)市场规模巨大。我国推行大宗商品电子类现货交易市场较晚,但交易体量增长迅猛。

(2)参与成员众多。参与成员包括大宗商品厂商、中间贸易商以及专门的套利投机商。市场化交易机制灵活,监管机制不断完善,大大增强了多方主体的参与意识。

(3)规则简单,信息透明。采用先进的国际期货交易规则,各交易主体均可在互联网交易软件上查看交易价格以及仓单持有量的变化,保证了交易信息的共享与公开。

(4)交易操作简单。交易通过平台完成,交易主体不必面对面,也不必考虑交割与资金结算问题,不具有大宗商品交易专业知识的人也很容易学会交易操作,是一种简单而有效的投资渠道。

五、参与大宗商品电子类现货交易的要求

交易商参与大宗商品电子类现货交易应遵守以下要求:

(1)交易商只能代理产业客户进行交易。社会公众不能参与。

(2)交易商应遵纪守法,公平交易,诚信履约。

(3)交易商应对客户资料以及交易流水记录保密。

(4)交易商应按照交易中心章程以及交易规则提供交易服务,不得越权。

(5)交易商应合法结算,保障客户资金安全。

(6)交易商应提供真实可靠的交易平台,履行相应职责和义务。

(7)交易商应配合相关部门对交易进行合理的监管与调查。

第3节 我国大宗商品期货交易概述

一、大宗商品期货交易开户

大宗商品期货交易开户,即投资者开设期货账户和资金账户的行为。投资者需带本人身份证和银行卡到期货公司办理开户手续,其中银行卡是期货公司指定银行的借记卡,具有信用卡功能的银行卡不能办理开户。

期货开户具体流程如图 2-2 所示。

(1)编码。客户获得在期货公司的资金账户后,由期货公司为客户办理在各个交易所的交易编码,编码获得批复后即可进行交易。

(2)入金。大部分投资者通过交易软件中的银期转账系统进行出入金操作,也可以现金、电汇、汇票、支票等方式进行操作。其中采用电汇、汇票、支票方式的,资金到期货公司账户后视为到账;外地客户可在当地任何一家银行开设活期账户,通过银行将资金划转到期货公司账户,资金到位后视作入金成功。

期货公司要求资金汇款人名与在公司开户的人名相同,才能入金到开户人的名下账户,否则必须由汇款人向期货公司出具"资金证明"。客户在汇款时最好在"资金用途"一栏中填写"入某某的保证金账户"。

(3)交易。期货公司全面开通电子化交易,经纪合同订立后,期货公司将同时

请客户签收网上交易登录密码,客户签收后,须第一时间按照初始密码登录系统并更改密码。所有委托均可以通过计算机直接进入交易所场内进行。

网上客户通过互联网使用期货公司提供的专用交易软件查看、分析行情,自助委托网上交易的客户在网络出现问题时,可拨打期货公司应急下单电话,进行电话下单。若期货公司的通信出现故障,系统会自动转为人工委托下单,客户仍可在网上自助交易,但下单与回复速度会降低。

期货账户分个人账户与法人账户。根据中国证监会规定,在国家工商管理部门注册登记、具有独立法人经营资格且符合国家法律法规规定的法人或机构可申请成为期货经纪公司的客户。

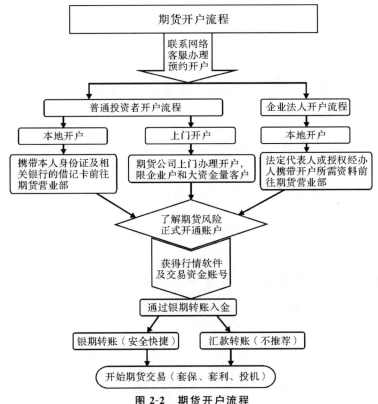

图 2-2　期货开户流程

法人或机构开户需提供的资料与要求如下:

(1)营业执照和组织机构代码证(副本)原件,法定代表人或授权经办人身份证原件。这些证件需扫描,特殊情况可以原件拍照,须确保清晰度。

(2)营业执照正副本复印件。

(3)组织机构代码证正副本复印件。

（4）税务登记证正本复印件。

（5）银行开户许可证复印件。

（6）法定代表人、授权经办人、指令下达人、资金调拨人、结算单确认人身份证复印件（须与原件核对一致）。

（7）以上复印件均需加盖单位公章。

（8）非法定代表人本人签署合同，需提供由法定代表人签署的授权书。若需指定他人作为指令下达人、资金调拨人、结算单确认人，需提供由法定代表人签署的期货交易委托代理人授权书（盖私章无效），并加盖单位公章。

（9）把中国工商银行、中国农业银行、中国银行、中国建设银行、交通银行中的任意一家或多家的账户作为期货结算账户。

二、大宗商品期货交易所

我国目前有 3 家大宗商品类期货交易所，即上海期货交易所、大连商品交易所和郑州商品交易所。

（1）上海期货交易所，简称"上期所"，成立于 1990 年 11 月 26 日。上海是我国期货交易起步最早的地区。上期所由上海金属交易所、上海粮油商品交易所及上海石油交易所、上海建材交易所、上海农资交易所、上海化工交易所合并组建而成。主要交易品种包括黄金、白银、铜、铝、锌、铅、螺纹钢、线材、燃料油、天然橡胶、沥青等。

（2）大连商品交易所，简称"大商所"，1993 年 2 月 28 日成立，是我国最大的农产品类期货交易所。主要交易品种包括玉米、黄豆、豆粕、豆油、棕榈油、聚丙烯、聚氯乙烯、塑料、焦炭、焦煤、铁矿石、胶合板、纤维板、鸡蛋等。

（3）郑州商品交易所，简称"郑商所"，1990 年 10 月 12 日成立，试点后于 1993 年 5 月 28 日正式推出期货交易。主要交易品种包括小麦、水稻、棉花、食用油、白糖、动力煤、甲醇、精对苯二甲酸（PTA）、玻璃、硅铁和锰硅等。

三、大宗商品期货交易的关键要素

（一）大宗商品期货交易的两个名词

（1）头寸。头寸是金融业的常用术语，意为资金款项或持有的仓位。买入期货合约的头寸叫多头头寸,卖出期货合约的头寸叫空头头寸。净头寸就是未平仓的多头头寸减去空头头寸的数量。

(2)衍生品。衍生品是以现货资产作为标的物,协议未来交易价格并在未来某个时期进行交割的一种典型的金融工具,主要包括远期、期货、期权和互换等。

(二)大宗商品期货交易投资时钟

美国美林证券在超过30年的数据统计分析中发现了投资时钟,并将经济周期划分为4个不同的阶段。

第一,衰退阶段。企业赢利能力下降,经济增长停滞,大宗商品价格比较低迷,产能过剩,货币政策与财政政策收紧,债券获得投资者的青睐。

第二,复苏阶段。企业赢利能力上升,大宗商品价格缓步上涨,产能强劲恢复,货币政策与财政政策比较宽松,股票是投资者的首选。

第三,过热阶段。企业产能达到峰值,产能过剩严重,通胀较突出,国内生产总值(GDP)增速依然较高,大宗商品是投资者的最佳选择。

第四,滞胀阶段。企业产能、产量均下滑严重,通胀到达顶峰,股市与期市双双步入漫长的熊市,实体经济融资严重不足,企业开始出现亏损,持有现金是投资者的最佳选择。

(三)大宗商品期货交易软件

(1)模拟交易软件:大越期货交易软件或文华财经赢顺云行情交易软件。

(2)实战交易软件:广发期货博易云交易版。该软件是一款实战型综合性交易软件,可以同时从事商品期货、股指期货、股票等品种的实时交易。实时交易的数据分析可以作为模拟交易投资分析的辅助工具。

本章习题或综合训练项目

1.主要大宗商品期货交易所的交易品种分别有哪些?

2.选取宁波大宗商品交易所(甬商所)或其他交易所(平台)进行调研,谈谈交易平台如何向开放型、综合型、主体型、服务型、责任型的现代交易所转型。

课程思政项目

课程思政项目之二:大宗商品流通为实体经济保驾护航

1.背景材料

党的二十大报告提出,着力扩大内需,增强消费对经济发展的基础性作用,要坚持把发展经济的着力点放在实体经济上,推进新型工业化。具体的要求就是要加快建设制造强国、质量强国、航天强国、交通强国、网络强国和数字中国。这就意味着我们在质的方面要让我们的出口产品进一步升级换代。比如说新能源电动车、高铁,一些比较前沿的、处于产业链中高端的产品出口比重要进一步提升,这也是质量强国的具体表现。

我国大宗商品现代流通业在服务供给侧结构性改革、促进经济高质量发展中发挥了重要作用。平台化、数字化、生态化、国际化,成为大宗商品电子类交易市场优化升级的重要方向;促进大中小企业融通发展,推动不同产业融合发展,成为大宗商品现代流通业创新发展的核心原动力。我国大宗商品现代流通业已迈入从"规模速度"转向"质量效率"的发展新阶段。据中国物流与采购联合会大宗商品交易市场流通分会不完全统计,截至2020年底,我国大宗商品电子类交易市场共计3680家,实物交易规模超过20万亿元。大宗商品消费在当前备受关注和重视,一个重要原因就是汽车、家电等大宗商品消费具有消费占比高、产业链长、带动力强的特点,稳定增加汽车、家电等大宗商品消费不仅对提振消费至关重要,对于稳定和扩大就业同样作用突出。

2018年10月22日,习近平总书记在考察横琴新区粤澳合作中医药科技产业园时提出:"制造业的核心就是创新,就是掌握关键核心技术,必须靠自力更生奋斗,靠自主创新争取,希望所有企业都朝着这个方向去奋斗。"对于立国之本、强国之基的制造业而言,习近平总书记多次强调创新推动的重要作用。为此,在从制造大国向制造强国迈进的过程中,要让创新成为企业发展的第一动力,充分发挥企业在技术创新中的主体作用,为制造业发展提供核心支撑和驱动力。

2.思政项目任务布置与要求

(1)从学科专业角度,谈谈大宗商品期货市场促进实体经济发展的举措。

(2)从消费者的角度,谈谈个人怎样通过消费升级来为我国大宗商品制造业的长远发展出力。

课程思政 指引二

关键词：大宗商品流通 实体经济

第 3 章　大宗商品交易模式

 本章要点

本章主要介绍现货中远期交易模式、现货挂牌交易模式、竞价交易模式、做市商交易模式等大宗商品交易模式。通过学习本章，学生应了解这几种大宗商品交易模式的主要内容。

第 1 节　现货中远期交易模式

一、现货中远期交易产生的背景

大宗商品传统贸易采用合同履约方式进行交易，钱货两清，交易简单。它存在以下缺点：

（1）价格较混乱，风险较固化。价格机制不能适应市场动态变化，不利于化解风险。

期货交易与现货交易、远期交易的区别

（2）信用风险大。市场价格变化可能会使合同的履约执行被取消，使得双方均受损，且给双方带来信用污点。

（3）规范化管理较难。交易主体比较分散，不利于市场集约化管理，没有规范的价格形成机制，交易主体只能通过沟通谈判技巧与能力来影响交易价格。

（4）没有形成统一的标准化合约。影响合同签订的因素较多且不确定，合同中关于大宗商品的交割质量、交割时间、运输方式等条款争议也比较突出，缺乏统一的标准化合约,导致交易成本较高。

随着互联网技术的广泛应用,现货交易平台发展迅速,交易规则得到丰富,交易操作变得相对简单,逐步形成了具有标准化合约的现货中远期交易模式,大大促进了大宗商品的交易。

随着国际互联网的快速发展,大宗商品现货交易出现了一种新的模式,即利用计算机网络对现货仓单交易标的物进行交易,也即"集中竞价买卖,统一撮合成交,统一结算付款,价格行情实时显示"。由于这种交易模式一般以6个月内的标准化电子交易合同为交易标的,因此该模式也被称作"现货中远期交易"或"大宗商品电子交易""现货仓单交易"。目前,现货中远期交易是各电子交易中心最基本、最常用的一种交易模式。买卖双方不见面,通过由国家行业主管部门统一授权与监管的交易平台进行线上和线下相结合的交易,解决现货商品交易中存在的货源、客户源、在线结算、物流配送等方面的难题。究其本质,现货中远期交易也是一种标准化合约交易。

二、现货中远期交易的功能

(一)投资功能

传统的现货交易只是一种贸易方式,供产业客户使用。而现货中远期交易已经演变成一种投资方式,既能满足贸易需求,又能满足投资工具化解风险的要求,可以同时满足产业客户与投资客户的需求。

(二)价值发现功能

大宗商品生产者、贸易商以及进出口商等多方主体参与大宗商品交易,会形成竞争充分、有序的市场化价格,而且参与者可以通过深入分析预测未来的市场价格,先觉先知的价格发现者会发现投资对象的投资价值,从而及时参与投资、分享利润。

(三)规避投资风险功能

参与者通过套期保值可以有效规避市场价格剧烈变化带来的投资风险,使得现货与期货交易相互协同,两者均能得到较好发展。

三、现货中远期交易的特征

现货中远期交易具有以下几个特征：

（1）合约标准化。对合同条款进行了统一规定，形成了共同的交易规则，并通过制度标准固化下来。

（2）买卖双向交易。交易机制更加灵活，对大宗商品交易投资既可以做多，也可以做空。

（3）对冲。在交易时间内，为化解趋势判断带来的交易风险，电子化合约可以采取反向操作的对冲，在履约过程中有效规避交易风险。

（4）当日结算。每日进行结算，避免了保证金不足带来的债务纠纷，也控制了客户交易风险。

（5）实行保证金制度。为保障合同履约，对交易双方收取一定的保证金，既充分发挥了资金的杠杆作用，也限制了交易风险的扩大。

（6）实行 T＋0 交易。当天就可以即时对冲平仓，既增加了交易体量，又减少了过夜风险。

四、现货中远期交易市场与传统现货交易市场、证券市场、期货市场的区别

（一）现货中远期交易市场与传统现货交易市场的区别

第一，市场形式不同。传统现货交易市场是一个实体市场，买卖双方通过当面洽谈进行交易，钱货两清。而现货中远期交易市场是基于互联网平台的电子商务虚拟市场，现货中远期交易市场肇始于传统的现货批发市场，是介于商品批发市场与期货市场的一个新型市场，如渤海商品交易所、上海大宗钢铁电子交易中心、广西糖网食糖批发市场、中国茧丝绸交易市场、浙江塑料城网上交易市场等。在现货中远期交易市场进行交易，交易双方不需要见面，按照平台规定的每日无负债结算制度结算。

第二，批准主体不同。凡使用"交易所"字样的现货中远期交易场所须经国家发改委或金融管理部门批准设立。传统现货交易市场由所在区域的省级人民政府有关贸易部门批准设立。

第三，市场定位不同。传统现货交易市场主要是为了促进买卖双方进行现货

交易,提高交易额。而现货中远期交易市场不仅要促进买卖双方交易,节约交易成本,提高交易效率,还具有类期货的投资功能。

(二)现货中远期交易市场与证券市场的区别

第一,交易途径不同。证券市场分为一级发行市场和二级交易市场,而现货中远期交易都是在交易平台上进行的。

第二,保证金规定不同。证券市场上的交易是全额交易,现货中远期交易则是保证金交易。

第三,交易机制不同。目前证券市场实行 T＋1 交易结算制度,不具备做空机制,而现货中远期交易市场具备做多与做空两种机制。

(三)现货中远期交易市场与期货市场的区别

第一,范围不同。在期货市场中可以参与国内市场与国际市场的交易,交易标的与商品范围比较广泛,但交易风险更大,而现货中远期交易市场中的交易品种较少,交易风险可控。

第二,保证金比例不同。期货市场交易保证金比例一般为 5％—10％,比现货中远期交易市场的保证金比例低,资金杠杆率较高,投资风险较大。

第三,交易单位不同。期货市场最小交易量为 1 手,一般为 5 吨或 10 吨,而现货中远期交易市场最小交易量比期货市场最小交易量少,一般为 1 吨以下。

第 2 节 现货挂牌交易模式

一、现货挂牌交易的含义

现货挂牌交易是指在交易市场组织下,买方或卖方通过交易市场现货挂牌电子交易系统,将商品的品牌、规格等主要属性和交货地点、交货时间、数量、价格等信息对外发布要约,由符合资格的对手方提出接受该要约的申请,按照"时间优先"原则成交并通过交易市场签订电子购销合同,按合同约定进行实物交收的一种交易模式,包括买方挂牌交易和卖方挂牌交易两种方式。挂牌交易中,买方需要支付全额货款买入货物,卖方需要将全额货物卖出。挂牌交易中,买方还可以

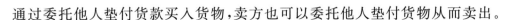

通过委托他人垫付货款买入货物,卖方也可以委托他人垫付货物从而卖出。

现货挂牌交易是一种协商撮合交易,类似股票的交易,包括即期交易与延期交易。

党的二十大指引构建高效顺畅的流通体系

(一)现货即期交易

现货即期交易是指交易双方签订规范的交易合同,双方在条款中约定交易的品名、数量、质量、物流运输方式、交割方式、时限、违约责任等内容,交货时间一般控制在一个月以内且事先需要约定。

(二)现货延期交易

现货延期交易是指通过保证金方式进行现货交易,交易双方可以在交易当日进行交割,也可以约定延期交割来缓解市场的供需矛盾。这是一种创新的现货交易模式。

二、现货挂牌交易主持交易商

现货挂牌交易主持交易商是指依法申请并获得现货挂牌交易资格,能够开展现货挂牌交易的交易所。

(一)现货挂牌交易主持交易商的必备条件

现货挂牌交易主持交易商必须具备的条件如下:

(1)合法经营,诚信交易。

(2)具有行业背景与交易资质。

(3)注册资本规模达到市场交易规定的要求。

(4)关注并力所能及地推动行业发展。

(5)按时足额缴纳规定的市场管理费或服务费。

(二)现货挂牌交易主持交易商的确立程序

现货挂牌交易主持交易商的确立程序如下:

（1）按规定向交易市场提出申请。

（2）交易市场相关部门进行严格审查。

（3）通过审查后发放确认凭证并签订挂牌交易主持交易商合作协议。

（4）按规定足额缴纳相关费用。

第 3 节　竞价交易模式

一、竞价交易的含义

竞价交易是指交易双方通过竞价系统，在规定的时间内进行挂单买卖，仓单中约定了交割商品的数量、品质、规格、交割时间与交割地点等要素，是按照竞价合同进行实物交割的一种交易方式，包括竞买专场与竞卖专场。买方需要支付全额货款买入货物，卖方需要将全额货物卖出。

二、竞价交易成交的原则

（1）价格优先。

由竞价系统自动根据买卖价格进行撮合，卖价低的与买价高的优先撮合。

（2）时间优先。

按价格优先撮合时遇到价格相同的情况，则按竞价时间进行排序，排在前面的竞价仓单优先交易。

三、竞价交易模式的交易成本

不同的竞价交易模式具有不同的交易成本，如证券的交易成本主要是交易佣金与印花税，而现货电子盘则是按买入与卖出差价形成的做市商利润缴纳一定比例的服务费。

第 4 节　做市商交易模式

一、做市商交易的含义

做市商交易是指交易双方通过中介机构实现金融交易。中介机构是撮合买卖双方进行交易的机构，其通常具有一定的资金实力和市场信誉。我国的做市商通常是券商。

做市商与经纪商、交易商的区别

做市商交易不同于竞价交易，其由具备一定实力的法人交易机构以自有资金或证券向投资者提供交易价格，从而赚取差价。

二、做市商交易的发展状况

早期没有计算机的时候是通过公开喊价来撮合交易指令，需要在场内进行，因此效率很低且容易出错。后来随着计算机与互联网的快速发展，逐渐产生了以场外柜台交易为主的做市商交易模式，通过报价对赌进行双边交易。

场外交易市场容易出现流动性不足的问题，尤其是那些低层次的场外交易市场会因为流动性不足而丧失市场交易功能。因此在我国场外交易市场的发展过程中，绝大多数场外交易市场会引入做市商模式，以解决场外交易机制信息不透明、流动性差的问题。尽管我国沪深证券市场在过去 30 年的发展中已成为全球发展最快的新兴资本市场，对我国企业融资和资源配置发挥了重要作用，但数量众多的中小企业的融资难问题依然存在。在我国多层次资本市场中，中小企业很难 IPO（首次公开募股）上市，大都通过做市商模式进入"新三板"市场。与传统的中小企业协议转让制度相比较，做市商制度进一步激活了中小企业股权交易，大大增加了交易量。尽管目前我国"新三板"市场还不够成熟，但做市商制度的确赋予了中小企业难得的融资机会。

本章习题或综合训练项目

1.4 种大宗商品交易模式的特点分别是什么?

2.请你深入分析4种大宗商品交易模式,理论联系实际,谈谈其中一种大宗商品交易模式可能遇到的交易障碍。

课程思政项目

课程思政项目之三:大宗商品期货在乡村振兴战略实施中大有可为

1.背景材料

2021 年中国期货市场成交量创历史新高,连续 3 年大幅增长;在全球场内衍生品市场中,中国期货交易所的成交量排名稳中有升;在农产品、金属和能源 3 类品种的全球成交量排名中,中国期货品种包揽农产品前 11 名,在金属品种前 10 强中占 9 席,在能源品种前 20 强中占 7 席;期货期权新品种稳步增加,衍生品体系更加完善。与实体共成长,期货行业发展更快,渗透力更强,行业规模更大,行业功能发挥更好,行业工具更加丰富,行业服务更有深度,行业合规风控水平也有了明显提升。

2021 年,中国期货市场全年一共上市了 4 个品种,包括 2 个期货品种、2 个期权品种。其中,上海期货交易所下属上海国际能源交易中心上市了原油期权;郑州商品交易所上市了花生期货;大连商品交易所上市了生猪期货和棕榈油期权。截至 2021 年底,中国期货与衍生品市场上市品种数量达到 94 个,其中商品类 84 个(期货 64 个、期权 20 个),金融类 10 个(期货 6 个、期权 4 个)。从大宗商品来看,有 80 多个期货期权品种,涉及我国 60 多个产业链。期货市场对实体经济市场的影响力也越来越强。期货市场功能发挥得更好,在服务"三农"、服务工业产业链、服务期货投资者等方面均取得了较好的成效。

2.思政项目任务布置与要求

(1)从切身体会出发,谈谈你是怎样理解乡村振兴战略的。

(2)从大宗商品期货行业"助农扶农"的角度,谈谈在乡村振兴战略方面可以有哪些作为。

课程思政 指引三

关键词：乡村振兴 农产品期货

第 4 章　大宗商品交易对象

 本章要点

本章主要介绍大宗商品交易对象——现货仓单和期货合约。通过学习本章，学生应了解现货仓单的含义、现货仓单交易的优势，期货合约的含义、分类与组成要素以及期货合约交易的主要特点。

本章所指的大宗商品交易对象是大宗商品买卖双方进行交易的标的，目前主要包括现货仓单和期货合约。

第 1 节　现货仓单

我国于 1997 年 5 月 17 日批准筹建现货仓单交易，而后联合商品交易所和南京国际仓单交易所进行试点交易，构建了计算机交易系统，初期交易标的有花生仁、玉米、小麦、白砂糖、大豆、油菜籽和稻谷等。

现货仓单是大宗商品交易或投资的一种标准化合约凭证，买卖双方可以凭凭证在约定时间段的任何一个时刻到指定库房进行交割。

专题讲座：产业链存货战略与大宗商品仓储

现货仓单交易具有以下几个优势：

(1) 促进大宗商品交易，有效降低交易成本。

(2) 交易公正透明，减少暗箱交易。

(3) 交易商品合约标准化，商品质量有保障。

（4）促进大宗商品产业链良性发展。

（5）互联网方便了交易，扩大了交易体量，并逐步形成全国或全球统一的市场。

（6）交割可以避免迂回运输，节约了物流成本。

课堂讨论：为什么在大量现货贸易的条件下还要推出现货仓单交易？

全国性大宗商品仓单注册登记中心正式启动

第 2 节　期货合约

一、期货合约的含义与分类

（一）期货合约的含义

期货合约（futures contract）是指由期货交易所统一制定的、规定在将来某一特定时间及地点交割一定数量和质量商品的标准化合约。

（二）期货合约的分类

（1）农产品期货合约。农产品期货合约是指与粮食作物和经济作物相关的期货交易标准化合约，主要包括小麦期货合约、玉米期货合约、大豆期货合约、棉花期货合约、可可期货合约、咖啡期货合约等。农产品期货合约是诞生比较早的期货合约品种，早在 1848 年，美国芝加哥商品交易所（CME）就开始进行农产品期货合约交易。

（2）金属期货合约。金属期货合约是指与黑色金属、有色金属等商品相关的期货交易标准化合约，主要包括金期货合约、银期货合约、铜期货合约、铁期货合约、铝期货合约、铅期货合约、锌期货合约、镍期货合约、铁矿石期货合约等。最早进行金属期货合约交易的是伦敦金属交易所（LME），当时的交易标的是铜期货合约。2018年5月4日9时,大连商品交易所正式启动我国铁矿石期货合约交易,引入境外交易者,这是我国继原油期货合约对境外投资者开放后,第二个国际化交易的期货合约品种。

课堂讨论:我国铁矿石期货合约对境外投资者开放交易的作用和意义是什么?

(3)能源化工期货合约。能源化工期货合约是指与石油能源和石油化工等商品相关的期货交易标准化合约,主要包括布伦特原油期货合约、汽油期货合约、橡胶期货合约、塑料期货合约、天然气期货合约、PTA期货合约、甲醇期货合约、沥青期货合约等。原油期货合约是我国首个国际化开放的期货合约品种,2018年3月26日9时,中国原油期货合约在上海期货交易所挂牌交易,并以人民币计价。我国原油期货合约设计方案具有国际平台、净价交易、保税交割、人民币计价的特点。

课堂讨论:我国国际化开放原油期货合约对提升我国原油国际话语权的作用是什么?

(4)金融期货合约。金融期货合约是指以金融工具作为标的物的期货交易标准化合约,主要包括外汇期货合约、利率期货合约和股指期货合约。

外汇期货合约是指为规避汇率风险而推出的外汇交易期货标准化合约,主要包括美元期货合约、马克期货合约、日元期货合约、英镑期货合约、瑞士法郎期货合约、加拿大元期货合约和法国法郎期货合约等品种。

利率期货合约是指用来规避利率变化风险的期货交易标准化合约,主要有长期利率期货合约与短期利率期货合约两种类型。

股指期货合约是指用来规避股指变化风险的指数类期货交易标准化合约,如我国的沪深300股指期货合约。

二、期货合约的组成要素

期货合约由下列内容组成:
(1)交易标的,即交易的商品品种。
(2)交易数量。
(3)交易价格。
(4)每日涨跌幅限制。

(5)合约名称。

(6)交易日期。

(7)最后交易时间。

(8)交割日期。

(9)交割商品的质量标准。

(10)交割仓库。

(11)保证金比例。

(12)交易佣金,即手续费。

三、期货合约交易的主要特点

期货合约交易主要有以下几个特点。

(1)合约的标准化。

合约严格规定了交易品种、数量、质量、交割等要素,需要经交易所设计并报国家期货交易监管部门批准上市。

(2)交易的合法性。

期货合约交易是在交易所网络系统上完成的,是交易双方的自愿表示,一旦完成交易,便具有法律效力,交易双方不得反悔。

(3)交易的担保性。

交易是在双方缴纳一定保证金的基础上,由交易所担保完成的。

(4)交割不一定实物化。

期货合约交易的交割可以通过实物交收完成,也可以通过合约对冲完成,方便了贸易商与投资者进行交易。

本章习题或综合训练项目

1.期货合约的组成要素有哪些?

2.综合案例分析题。

【案例】海南天然橡胶 R708 事件

1.事件经过

天然橡胶是我国较早的期货交易品种,分别在上海期货交易所与海南中商期货交易所(简称"海南中商所")挂牌交易。R708 是指天然橡胶 1997 年 8 月期货合约。从 1997 年 5 月开始,以现货贸易商为代表的 R708 空头,与以上海、浙江地区的期货投机商为代表的 R708 多头,在海南中商所交易平台发生多空逼仓对决,双方都期望利用自身资金优势打败对手,使对手爆仓,导致期价上下震荡加剧,在 6 月底 7 月初达到巅峰,涨停与跌停交织出现,迅速加剧风险。空头以现货交割相逼,多头以巨量持仓迎战,期价在短短两个月内由 9715 元涨到 12600 元。多空大户间的对决,严重影响了普通投资者。于是,海南中商所出来干预,其于 7 月 30 日发文,"对 R708 买方持仓保证金分阶段提高,并自 7 月 30 日起,除已获本所批准其套期保值实物交割头寸尚未建仓者外,一律禁止在 R708 合约上开新仓"。后又发文"暂停农垦所属金龙和金环仓库的天然胶入库",这才平息了此次多空逼仓对决。由此导致 R708 合约从 8 月 4 日起连续下跌,到 8 月 18 日摘牌共下跌 1500 多点,跌幅达 13% 以上。

R708 事件直接导致多头 20 多个交易席位爆仓,R708 空头违约后协议平仓并赔偿 2 亿多元。而空方现货交割量仅为目标交割量的 8%,且现货交割价格远低于期货交割价格,R708 空头损失 1.4 亿元,实为两败俱伤。

间接影响是该事件的后续处理非常复杂,法院受理的与事件有关的经济纠纷额度高达几十亿元。中国证监会由此处罚了一大批期货机构和对赌参与者。

2. 事件反思与教训

(1) 该次多空逼仓对决反映了对决双方的凶悍与贪婪,也暴露了交易规则的不完善。逼仓前交易所没有及时严格控制多头的交割履约保证金,而且在多头逼空拉高期价后修改交易规则和发布临时性文件规定(限制开新仓、暂停交割入库、修改涨跌停比例等)时,也比较仓促,缺乏严密性、科学性与合理性。

(2) 正常的套期保值功能无法体现。正常的套期保值往往不一定需要实物交割,这与控制市场上的现货数量、囤积货物待价而沽的恶性投资行为有着本质区别,而披着合法套保外衣逼仓对决的多空双方干扰了正常的套保功能,使合法的投资者蒙受损失。

(3) 投资者应敬畏市场。在期货市场上,无形的力量是巨大的,没有哪一个机构的资金实力可以控制整个期货市场,任何参与期货交易的投资者都应敬畏市场。

(4) 监管政策应该与时俱进。为保证期货交易的公平、公正、公开,监管政策一定要与时俱进并实现标本兼治,这样才能有效促进期货市场的可持续发展。

资料来源:王见纲.椰岛狂飙卷天胶——天然橡胶 R708 事件回顾与反思[EB/OL].(2006-07-11)[2022-12-01]. http://blog. sina. com. cn/s/blog_4a0dd7b010004k7. html.

问题:请结合案例谈谈如何从交易操作与市场监管的角度来预防案例中的交易风险的发生。

课程思政项目

课程思政项目之四:"猪肉价格疯涨"背后的民生问题

1. 背景材料

党的二十大将坚持以人民为中心的发展思想,将人民至上作为重大原则和根本立场贯穿始终,对民生保障和共同富裕提出一系列新论断,做出一系列新部署,深刻体现了以习近平同志为核心的党中央矢志不渝、坚守初心、担当使命的政治本色,体现了我国社会主义制度的本质和优越性,顺应了历史发展大势和人民群众的期盼。

猪肉是老百姓日常生活中经常食用的一种肉类,经常出现在老百姓的餐桌上。猪肉价格的持续上涨一定程度上会影响到老百姓的日常生活。所以,稳定猪肉价格,保持猪肉供给充足,关乎民生,更关乎大局的稳定。

猪肉价格持续上涨,确实引起社会各界的广泛关注。2022 年下半年以来,生猪及猪肉价格总体呈现一定的走高态势。对此,国家出手保障猪肉市场的保供稳价。中央储备投放是增加猪肉流通量的惠民措施,可以对猪肉价格起到平抑作用,同时避免对通胀形成压力。2022 年 11 月 4 日,国家投放 2022 年第 7 批中央猪肉储备。华储网显示,4 日出库竞价交易挂牌 1 万吨(以实际挂牌价为准)中央储备冻猪肉。

为了对冲猪肉价格的巨大波动,我国于 2021 年 1 月 8 日推出了生猪期货。

2. 思政项目任务布置与要求

(1)你是如何理解"民生问题"的? 猪肉价格疯涨会带来哪些消极影响?

(2)搜集资料,查一查生猪期货合约中对生猪交割质量标准是怎样规定的。

(3)理论联系实际,谈谈我国推出农产品生猪期货合约的重大意义。

课程思政 指引四

关键词：生猪期货 保障民生

第5章 大宗商品期货交易制度

 本章要点

本章主要介绍目前我国实施的大宗商品期货交易制度。通过学习本章,学生应掌握大宗商品期货交易制度的基本理论。

第1节 制度概述

一、制度与制度风险

（一）制度

制度是组织为了约束成员行为而制定的一系列规则与准则。为了实现组织战略目标,全体成员必须共同遵守制度。

（二）制度风险

制度风险主要是制度本身可能造成的过失,包括制度制定不全面、执行不到位、修订不完善导致的风险。制定制度不仅要科学严谨,而且需要考虑时效性与可操作性,制度须具有一定的导向性、约束性,制度对行为应具有监督与矫正作用,从而使人逐渐形成规范的日常工作习惯。而且,应该及时对制度进行修订、补充和完善,以适应形势的变化。

一些运作不规范的交易所,为了自身利益,会出台一些不规范的交易制度,由此产生不少制度风险。

（1）交易体系结构不合理。交易体系仅仅由交易所、会员、居间商①、业务员和客户组成，缺少现货贸易实体的买卖双方参与，投资者大多进行对赌零和博弈，没有共赢机制，现货交割与期货交易经常割裂。交割障碍以及交割成本方面的问题导致现货贸易商有时候不愿参与期货对冲交易，有时候无法参与期货对冲交易。

（2）交易所与会员容易结成利益共同体。客户是交易所主要营收来源的载体，交易所与会员依靠佣金、手续费生存，而客户赢利是需要承受巨大投资风险的。对赌交易失败，就相当于交易所与会员一起"绞杀"了客户。而且居间商也可能被牵扯进来，与业务员结成利益同盟，共同侵害客户利益。交易所、会员、居间商和业务员的赢利，很大程度上是通过客户亏损实现的。这可能就是对赌交易制度体系中比较大的漏洞。

（3）增加交易成本。一些不规矩的交易所，客户佣金等交易费是上海期货交易所的几十倍，通常包括以下几个部分：入会费、平台费、交易手续费、隔夜延期费、保证金、杠杆费用等。名目繁多的收费项目使得交易成本高企。

（4）人为设置交易障碍。如限制客户合法的投资规模、限制客户的正常交割、引导客户加大短线交易、敦促客户增加隔夜持仓等。交易障碍造成的信息不对称很容易使客户陷入对赌不利的局面。

此外，还有少数非法交易所经常变更经营范围，以提供现货交易平台，吸引没有任何期货交易专业知识和交易经验的客户参与进来，变相进行期货交易。这些交易所没有任何价格发现功能与风险对冲功能，仅仅进行对赌交易，违背了期货交易市场正常功能的发挥，干扰了期货交易市场秩序，使人们对期货市场充满了抵触，不利于期货市场的健康发展。

二、制度效率

效率是制度的本质特征之一，是衡量制度价值的重要尺度。没有效率支撑的

---

① 居间商是指为了获取佣金而积极促成契约缔结的商人。居间商的特征包括：a.居间商是合同缔结的积极促成者；b.居间商是合同的中介人，不受委托人和第三人所订合同的约束，仅给委托人提供订约的机会，不参与双方订约的洽谈活动，对其促成合同导致的后果不负责任；c.居间商有权在合同缔结后获取佣金；d.居间商应履行据实介绍的义务，不得恶意促成合约或从中盘剥渔利。

制度,是不能长久存在的。

道格拉斯·诺斯认为西方世界兴起并发达的一个重要原因就是具有合理的制度安排,通过制度大力发展规模经济,鼓励变革创新,促进市场资源合理配置,提高要素市场效率。

制度效率指制度安排所形成的投入产出比率、组织运作绩效和系统发展速率。制度效率体现了组织在制度安排方面适应动态环境、整合市场资源、实现战略目标的能力,也展示了一个组织的核心竞争力。

具有激励性的制度安排胜过任何说教,能够有效矫正与规范人们的行为。20世纪80年代,深圳出台了一系列生产制度、分配制度、干部人事制度、用工制度、工资制度、住房制度,打破了"大锅饭"与平均主义,在这些制度安排的感召与激励下,深圳创造了经济发展与城市建设的"深圳速度"。

第 2 节 大宗商品期货交易制度的内容

期货交易制度是保障期货交易平稳健康运行的基础。交易制度对期货交易的"游戏规则"进行了多方面规定与约束,而且获得国家监管部门的审核批准,具有法律效力。目前我国大宗商品期货交易制度主要有 9 种,分别为保证金制度、涨跌停板制度、持仓限额制度、大户报告制度、交割制度、强行平仓制度、风险准备金制度、信息披露制度和当日无负债结算制度。

一、保证金制度

期货交易实行保证金制度,通过资金杠杆放大了交易风险。保证金制度也称押金制度,是指期货交易中买卖双方按交易所的规定缴纳期货合约价格一定比例的保证金。保证金分为结算准备金和交易保证金,用于结算和履约保障。保证金是分等级收取的,包括会员保证金和客户保证金。经中国证监会批准,交易所可以调整交易保证金比例。调整保证金比例的主要目的在于控制风险,提高会员或客户的履约能力。

课堂讨论:在什么情况下可以调整保证金比例?

二、涨跌停板制度

涨跌停板制度的具体规定(以上海期货交易所为例)如下:

(1)为控制交易风险,期货交易所按规定对各种期货合约每日价格波动幅度进行限制,超过波动幅度范围的报价被视为无效。

(2)当天开盘时,交易者以涨停价竞价。

(3)当出现单边市时,期货交易所对后续连续交易日中的涨跌停幅度进行相应调整,具体调整策略根据交易品种的不同而不同。对于前几个交易日连续涨停的品种,不仅会按规定调整涨跌停幅度,而且会对保证金比例做出一定调整,目的是提示风险。

三、持仓限额制度

持仓限额的目的是防止投资者因仓位过度集中而操纵市场交易价格。我国期货交易所持仓限额制度的具体规定如下:

(1)每个月对每个交易品种都进行一定程度的限仓。同一个品种在不同月份的限仓幅度可能不一样,尤其是进入交割月份时,将严格控制该交易品种的仓位,从而迫使持仓量较大的投资者采取连续减仓的行为,否则可能违规。

(2)采用限制会员持仓和限制客户持仓相结合的办法,控制市场风险。

(3)对套期保值交易头寸实行审批制,其持仓不受影响。

(4)同一投资者开具不同交易户头,则合并仓位后对其进行限仓。

(5)对于经纪会员,可以根据其净资产和经营情况追加限仓数额,会员每年可申请追加一次,追加限仓数额由交易所核定。

(6)交易所调整限仓数额须经理事会批准,并报中国证监会备案后实施。

(7)超过仓位限额的需要平仓。交易所监督会员仓位,会员一旦超出仓位限额,交易所就提醒其在规定时间进行平仓,若不执行,交易所可以按规定强行平仓(简称"强平")。

四、大户报告制度

大户是指持仓量较大的经纪会员或散户投资者。交易所对大户的持仓意图、动向进行监控,以防范市场风险。我国期货交易所的大户报告制度有如下规定:

（1）投资者某品种持仓头寸达到交易所对其规定的投机头寸限量的80％以上（含80％）时，经纪会员和客户均需报告其交易品种的资金与头寸情况等。

（2）交易所可根据市场风险状况制定并调整持仓报告标准。

（3）会员或投资者达到持仓报告界限时，应主动在下一个交易日闭市前向交易所报告。

（4）达到报告界限的经纪会员或非经纪会员均需提交大户报告表、资金来源、持仓前5名投资者情况等材料。

（5）交易所实行定期核查制度，对持仓报告进行审核。投资者具有多个户头时实行合并处理，报送材料中需要对多个户头进行事先说明。

五、交割制度

交割是联系期货与现货的纽带。期货交割是指期货合约到期时，交易双方通过该期货合约所载商品所有权的转移，了结到期未平仓合约的过程。交割方式有现金交割、实物交割两类：现金交割是指在合约到期日，核算交易双方买卖价格与到期日结算价格之间的差价盈亏，把盈亏部分分别结算到相应交易方，其间不涉及标的实物交割；实物交割是指在合约到期日，卖方将相应货物按质按量交入交易所指定交割仓库，买方向交易所交付相应货款，履行期货合约。一般金融证券类期货合约交易以现金交割方式为主，商品期货合约交易以实物交割方式为主。

期货交易所的交割由期货交易所统一组织进行。交割仓库由交易所指定。交易所不得限制实物交割总量，并应当与交割仓库签订协议，明确双方的权利和义务。交割仓库不得做出以下行为：出具虚假仓单，违反期货交易所规则；限制交割商品的入库和出库；泄露与期货交易有关的商业秘密；违反国家有关规定参与期货交易；国务院期货监督管理机构规定的其不得做出的其他行为。

六、强行平仓制度

强行平仓制度是指投资者、会员违规时，交易所对有关持仓实行平仓的一种强制措施。当会员或投资者有下列情况之一时，交易所有权对其强平：

（1）账户结算准备金为负值时，必须在规定时间内补齐，否则交易所按保证金由多到少的顺序依次对其强平。

（2）持仓量超过其限仓规定的（强平头寸由会员单位自行确定）。

（3）因违规受到交易所强平处罚的（头寸由交易所确定）。

（4）根据交易所的紧急措施应予以强平的（头寸由交易所确定）。

（5）其他应予以强平的情况（头寸由交易所确定）。

强平制度与风险准备金制度

强平的执行程序包括三部分：通知（交易所下"强行平仓通知书"）、执行及确认。

强平价格按当时的市场价格确定，强平导致的亏损先由经纪会员承担，而后向客户收取。

七、风险准备金制度

为维护期货市场的正常运行，提供财务担保和弥补不可预见风险带来的亏损，交易所设立了风险准备金制度。风险准备金是交易所、经纪机构等相关机构提供的资金。

交易所的收入主要是向会员收取一定的交易手续费（扣除优惠减收部分），交易所以管理费用的形式提取 20％的收入充当风险准备金。

八、信息披露制度

信息披露制度，也称公示制度或公开披露制度，指上市公司为保障投资者利益、接受社会公众的监督，依照法律规定必须将其自身的财务变化、经营状况等信息和资料向证券管理部门和证券交易所报告，并向社会公开或公告，以便投资者充分了解情况。它既包括发行前的披露，也包括上市后的持续信息公开，主要由招股说明书制度、定期报告制度和临时报告制度组成。信息披露制度应该遵循"公开、公平、公正"原则。

九、当日无负债结算制度

当日无负债结算又叫"逐日盯市"，它是指每日交易结束后，交易所按当日结算价结算所有合约的盈亏、交易保证金及手续费、税金等费用，对应收应付的款项同时划转，相应增加或减少会员的结算准备金。会员保证金不足时应及时追加或自行平仓，否则交易所将强行平仓。强行平仓的费用和由此发生的损失由该会员承担。

 本章习题或综合训练项目

1.大宗商品期货交易制度主要有哪些？

2.请搜集整理大宗商品期货(PTA、PVC、橡胶、螺纹钢、甲醇)合约交易的持仓量限额、涨跌停幅度以及强行平仓的相关规定。

课程思政项目

课程思政项目之五：把权力关进制度的笼子

1.背景材料

习近平总书记在十九大报告中指出："要加强对权力运行的制约和监督，让人民监督权力，让权力在阳光下运行，把权力关进制度的笼子。""把权力关进制度的笼子"这一重要论述，用形象的语言表达了丰富的内涵，为构建科学有效的权力运行体系、规范权力运行、有效防治腐败，为全面提高党的建设科学化水平、推动廉洁政治建设指明了方向，提供了遵循。健全完善法律制度，是依法治国的根本保证。

2022年4月20日，第十三届全国人民代表大会常务委员会第三十四次会议表决通过了《中华人民共和国期货和衍生品法》(以下简称《期货和衍生品法》)。本次《期货和衍生品法》的制定，以习近平新时代中国特色社会主义思想为指导，贯彻落实中央关于完善资本市场基础制度建设的决策部署，以服务实体经济、防控金融风险、深化金融改革为出发点和落脚点，坚持市场化、法治化、国际化方向，全面系统规定了期货市场和衍生品市场各项基础制度，为打造一个规范、透明、开放、有活力、有韧性的资本市场提供了坚强的法治保障，具有非常重要而又深远的意义。期货和衍生品市场是规则导向型市场，必须认真学习领会"党的二十大精神"，坚持"建制度、不干预、零容忍"，不断提升监管效能，努力打造规范、透明、有活力、有韧性的期货市场。

2.思政项目任务布置与要求

(1)搜集整理资料，谈一谈本次《期货和衍生品法》的制定在总结历史经验和借鉴国际有益做法的基础上，做了哪些制度安排。

(2)从投资者个人的角度，谈一谈遵守期货交易制度与投资成功的辩证关系。

课程思政 指引五

关键词：制度力量 期货法

第6章 大宗商品交易的主要分析方法

 本章要点

本章主要介绍大宗商品交易分析的常用方法:基本面分析法和趋势分析法。通过学习本章,学生应掌握大宗商品交易的主要分析方法,并能在实战中灵活运用。

在大宗商品交易中,通过分析价格变化趋势获得投资机会的方法有两种:基本面分析法和趋势分析法(技术图标分析法)。

基本面分析法是分析可能影响投资对象市场交易价格基本因素的一种中长期趋势投资方法,适合投资规模比较大的现货贸易商和期货交易商。

趋势分析法是根据交易对象的量、价变化形成时间上的趋势图形的一种方法,从动态的价格变化中找出规律性走势而获得投资机会,既适合短线交易,也适合中长线趋势把握。

上述两种方法不是孤立的,而是可以综合使用的,以便获得更大的投资收益。

第1节 基本面分析法

一、基本面分析法的内涵及影响价格的基本因素

(一)基本面分析法的内涵

基本面分析方法是一种量化分析方法,通过量化分析建立数据库,以预测期

货市场价格走势,将其作为入市交易的依据。巴菲特、索罗斯、罗杰斯、格雷厄姆、彼特·林奇等投资大师都是基本面分析派的代表人物。该方法与现货市场的关系较为紧密,是一种较为简单而实用的分析方法。基本面分析法侧重通过分

关键词:基本面分析

析供求关系来判断市场交易价格的走势。而供求关系直接或间接地受到政治、经济、金融政策、法律法规,以及商品生产量、消费量、进口量和出口量等因素的影响,从而使得预测价格变化趋势更加困难。随着现代经济的发展,一些非供求因素也对期货价格的变化起到越来越大的作用,这就使投资市场变得更加复杂,更加难以预料。

(二)影响现货与期货价格的基本因素

基本面分析的目的是找出影响大宗商品价格的因素。大宗商品价格可能会受到以下一种或几种因素的影响。

(1)供求关系。物以稀为贵,当供不应求时,商品价格就会上涨;反之,就会下跌。因此,我们要分析商品生产与库存情况的变化,也要关心经济状况、气候变化以及替代商品供求状况与全球性竞争因素等。

(2)经济周期。经济发展具有一定周期性,商品价格随着经济周期各个阶段的波动而波动。

(3)政府政策。国家宏观财政政策、货币政策与微观举措会在不同程度上影响商品价格。

(4)政治因素。敏感的政治事件对大宗商品价格具有不同程度的影响。

(5)社会因素。社会因素指公众的观念、社会心理趋势、传播媒介的信息。

(6)季节性因素。部分商品具有比较明显的季节性,价格波动较大。

(7)心理因素。投资者容易形成个人投资偏好,聚集成不同的"人气",多空对决的心理因素或小道消息对市场价格影响较大。

(8)金融货币变动因素。通货膨胀、货币汇价以及利率变化对商品价格的影响较大。

二、基本面分析法的具体运用

基本面分析需要考虑宏观经济状况、供求关系、经济周期、政府政策等。商品

期货基本面分析的核心是分析供求关系变化对价格的影响,价值决定价格,供求关系作用于价格。

课堂讨论:如何对大宗商品 PVC 进行基本面分析?

三、基本面分析的一般流程

基本面分析的一般流程如图 6-1 所示。

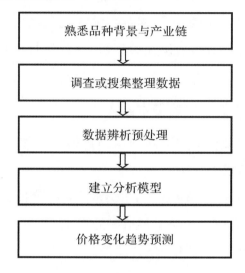

图 6-1　基本面分析的一般流程

课堂讨论:请对螺纹钢期货交易品种涉及的钢铁产业链进行背景分析。

四、基本面分析的哲学思考

没有绝对有把握的预测分析。可错性是基本面分析的重要特点。索罗斯说过:"所有人类心灵的建构,不论建构局限在我们思维深处或表现为各种学科、各种意识形态或各种体制,都是有缺陷的。""有缺陷"不是可能"可错",而是肯定"可错"。可错性的积极意义在于:需要在分析中不断修正或改变逻辑与假设,以便适应动态变化的市场。在实战运用中要善于抓住主要矛盾,调动所有信息,相互支撑验证,果断根据趋势进行交易。

煤炭基本面分析

第 2 节　趋势分析法

趋势分析法是指动态把握市场价格变化趋势,通过逻辑推理跟踪控制趋势进行交易的一种有效方法。

一、趋势分析法的 3 个假设及基本原理

(1)趋势分析法的 3 个假设。

趋势分析法依据以下 3 个假设进行投资分析:

①交易价格是市场因素的综合反映。

②价格变化有一定的趋势与方向。

③趋势在投资历史的演变周期中会不断重演。

据第一个假设,趋势分析重点关注价格变动趋势,而不关心引起价格变动的因素。第二个假设借用了牛顿第一定律"在没有任何外力影响下,物体会朝着一定方向匀速前进",认为价格变化也具有一定的规律性,价格沿着一定方向和趋势演变,直到外力发生重大变化而改变原来的演进路径。第三个假设反映了投资者心理变化周期与交易历史变化周期相吻合,即两者具有趋势一致性。

(2)趋势分析法的基本原理。

趋势分析法的基本原理可归纳为以下几点:

①供求关系决定市场交易价格。

②许多理性与非理性的因素会直接或间接影响供求关系。

③从一段较长的时间来看,价格变化具有一定趋势性。

④趋势会因为供求关系外力作用的变化而发生改变,并生成新的趋势。

趋势投资 技术面分析

二、把握市场运行规律

市场行为是一切因素综合作用的结果,市场价格涨涨跌跌,看似无序,其实蕴含着一定的规律。科学的技术分析可以帮助投资者正确地把握市场运行的趋势和规律。投资者在进行严格的技术分析之后才能形成投资策略,明确交易方向,以便及时决定买入或卖出。

(一)把握市场运行规律的原则——道氏理论六原则

(1)平均价格趋势线反映了市场交易的综合影响因素。

(2)市场具有 3 种趋势:主要趋势、次要趋势、短暂趋势(潮汐、浪涛、波纹)。

(3)一个市场的大趋势通常包括人气积累、经济转暖、快速拉升 3 个阶段。人气积累阶段一般在市场的"熊末牛初",利空出尽是利好,先知先觉者开始介入;经济转暖阶段商品价格快速上扬,投资者纷纷介入;快速拉升阶段有大量利好消息传播,小道消息被过度解读,投资者蜂拥而入,人气达到巅峰,机敏者获利离开市场,新入者追高套牢发生巨大亏损,市场由此转衰。

(4)各种价格均线纷纷创出新高,相互验证,才能有效确立上涨趋势。

(5)趋势确立需要量价配合,上涨放量,洗盘缩量,量升价涨。反之亦然。

(6)趋势具有惯性,直到明确的反转信号出现才会改变。信号不明确时,投资者应该观望;信号一旦明确,投资者就应果断介入。

道氏理论的目的是捕获市场重要趋势运动中价格变化幅度最大的中间阶段。宁可错过信号发生之前 20%—25% 的价格变化幅度,也不要因错误判断趋势而匆匆介入,遭受损失,要以风险控制为首要任务。

(二)把握 3 种主要趋势

趋势具有 3 种方向:上升、下降、横向延伸。道氏理论认为投资时间跨度在 6个月以上的趋势为长期趋势;投资时间跨度为 3—6 个月的趋势为中期趋势;投资时间跨度为 2—3 周的趋势为短期趋势。每一个短期趋势都是更长趋势的组成部分。

(三)抓住支撑位与阻挡位

支撑位和阻挡位是价格变化交易日线的重要支撑位置,两者角色可以互换,支撑位一旦跌破就成为阻挡位,反之亦然。一般大的价格整数位(例如 PVC 期货交易价格的 6000 元、7000 元、8000 元等价位）是重要的支撑位或阻挡位。

（四）正确使用趋势线

投资要顺势而为，不能逆势而动。趋势线过于陡峭时要警惕，以防趋势发生反转。一般来说，45°价格日 K 线最有意义。

反转日发生在市场顶部或者底部。市场就是在涨涨跌跌中运行的，投资者要时刻关注反转信号，一旦出现就要果断采取行动。尤其是跳空反转，要高度重视，进行科学合理的研究、判断，避免误判中跳空、衰竭跳空带来的损失。

（五）重视交易量

交易时通常是量价配合运行，交易量的变化是价格变化的前兆，价格上涨之前通常也是量先行。突破各种阻挡位或支撑位需要交易量的配合。

（六）适时调整价格目标

价格走势预测需要考虑很多因素，技术分析就是使用多种工具来获得价格调整的目标。需要在新的价格形成的重要支撑位与阻挡位附近制订严密的交易计划，控制头寸。

技术面分析 MACD 实战

技术面分析 KDJ 战法

本章习题或综合训练项目

1.请选择一种你比较熟悉的大宗商品期货交易品种进行基本面分析，并撰写不少于 3000 字的分析报告。

2.请任意选择一种大宗商品期货合约进行趋势分析（技术分析），并进行一个月的模拟交易操作，总结并分享实战效果和体会。

课程思政项目

课程思政项目之六:粮食危机下的投资机会

1.背景材料

玉米、小麦和水稻是三大主要粮食作物,在世界各地普遍种植。根据粮农组织的报告,2020年,全球有超过165个国家生产玉米,有126个国家种植小麦,有110多个国家种植水稻。

粮农组织《2021年世界粮食及农业统计年鉴》的数据显示,2020—2021年,全球谷物与糖类作物产量高达52.1亿吨,占当年全球农作物产量的55.7%,其中甘蔗、玉米、小麦和稻谷4种农产品的产量就占到世界总产量的一半。甘蔗以19.5亿吨位居榜首,占总产量的21%;紧随其后的是玉米,产量11.5亿吨,占总产量的12%;小麦7.66亿吨,占总产量的8.1%;水稻7.55亿吨,占总产量的8.07%。中国、印度、巴西、美国、印度尼西亚、俄罗斯、泰国、尼日利亚、阿根廷和墨西哥是全球十大农作物生产国。这10个国家生产的农作物占全球农作物产量的65.4%。中国耕地面积不到世界耕地总面积的9%,生产了世界25%的粮食,是小麦、水稻、西红柿和土豆等30多种农作物的主要生产国。2020年,中国的农业总产值为1.1万亿美元,创历史新高。

2022年10月16日是第42个"世界粮食日",2022年世界粮食日的主题是"不让任何人掉队。更好生产、更好营养、更好环境、更好生活"。在新冠疫情还未彻底结束,全球气候异常,极端天气频发,多个粮食出口国宣布提高粮食出口价格甚至限制出口的背景下,2022年的"世界粮食日"引发国际机构与民间组织对"食品短缺""粮价暴涨"和"粮食危机"的特别关注。

2.思政项目任务布置与要求

(1)搜集整理资料,查一查居于全球主要产粮带的"一带一路"沿线国家有哪些。这些国家的农作物种植情况如何?粮食产量怎样?粮食贸易情况怎样?并深入分析其中哪些国家可能会出现粮食危机。

(2)谈一谈个人面对全球粮食危机可以做哪些有意义的事情。

(3)从基本面分析与技术面分析的角度,预测未来6个月玉米期货的投资机会。

课程思政 指引六

关键词: 粮食危机 期货投资机会

第7章　大宗商品期权交易

 本章要点

本章主要介绍大宗商品期权交易的相关理论。通过学习本章，学生应掌握大宗商品期权交易的权利金、定价、特点，期权交易与期货交易的联系与区别。

第1节　期权交易概述

一、期权的含义

期权是买卖期货合约的选择权，是在一定时间内以一定的执行价格出售或购买一定数量投资标的的权利。

期权市场的鼻祖是芝加哥期权交易所（CBOE），其诞生于 1973 年 4 月 26 日，是世界第一家以期权产品交易为主的交易所。如今，有几十个国家开设期权市场，合约涵盖能源、金属、股票、债券和货币等。

二、期权交易主体的权利与义务

期权交易是一种权利的交易。在期权交易中，期权买方在支付了一定的权利金后，即可获得按事先约定价格买卖期货合约的权利。

期权交易中的买卖双方权利和义务不对等。买方有执行和不执行的权利而非义务，卖方则负有履行期权合约规定之义务而无权利。

期权也是一种合同(合约)。以小麦期货期权为例,对期权买方来说,买权代表着未来以约定的执行价买入期货合约的权利,卖权代表着未来以约定的执行价卖出期货合约的权利。期权卖方依据合约条款,有配合买方进行履约的义务。

期权合约一般包括八大要素:期权购买者(买主)、期权出售者(卖主)、权利金(期权交易价格或权价)、敲定价格(履约价格)、实施价格、合约类型、到期日、履约日。

三、期权的分类

(一)按期权买卖形式划分

按期权买卖形式的不同,期权可以分为看涨期权与看跌期权。

(1)看涨期权。

看涨期权又称择购期权、延买期权。期权买方有权按约定期限和价格购买期权合约,这种权利是一种自愿选择权,买方没有义务必须购买。

(2)看跌期权。

期权卖方有权按约定期限和价格出售期权合约,这种权利是一种自愿选择权,卖方没有义务必须出售。

(二)按期权交割时间划分

按交割时间的不同,期权主要分为欧式期权与美式期权。

(1)欧式期权。

欧式期权是指在期权合约到期日当天才能行权的一种期权。过期自动作废,视为放弃行权。

欧式外汇期权也是一种重要的欧式期权,可分为看涨期权和看跌期权。2002年12月以来,我国银行外汇期权业务也采用欧式期权模式。

(2)美式期权。

美式期权是指可以在成交后有效期内任何一天被执行的期权。也就是说,期权持有者可以在期权到期日以前的任何一个工作日的纽约时间上午9时30分以前,选择执行或不执行期权合约。美式期权允许期权持有者在到期日或到期日前执行购买(如果是看涨期权)或出售(如果是看跌期权)标的资产。美式期权多为场内交易所采用。

相比欧式期权,美式期权更灵活,价值更高,赋予买方的选择也更多,权利金也相对较高。

(三)按期权的内在投资价值、买方是否获利划分

按不同的内在投资价值、买方是否获利,期权可以分为实值期权、虚值期权与平值期权。

(1)实值期权。

实值期权是指具有内在价值的期权。当看涨期权的敲定价格低于相关期权合约的市场价格时,该看涨期权具有内在价值。当看跌期权的敲定价格高于相关期权合约的市场价格时,该看跌期权具有内在价值。

(2)虚值期权。

虚值期权是指不具有内在价值的期权,即敲定价格高于当时期货价格的看涨期权或敲定价格低于当时期货价格的看跌期权。

(3)平值期权。

平值期权是指期权行使价与市场价格非常接近的期权。

(四)按期权合约的标的物划分

按期权合约标的物的不同,期权可以分为商品期权与金融期权。

(1)商品期权。

商品期权是指大宗商品实物的期权。商品期权在交易保证金、交易分散化、交易策略执行以及公允价值等方面具有一定优势。

(2)金融期权。

金融期权是指金融标的物的期权,主要包括股票期权、利率期权和外汇期权,其也具有套期保值和价格发现的功能。

第 2 节　期权交易的权利金、风险、定价与特点

一、 期权交易的权利金、风险与定价

(一)期权交易的权利金

权利金是指期权买方为获得期权合约所赋予的权利而向期权卖方支付的费用。

权利金是期权买方必须向卖方支付的费用,即为获得权利而必须支付的费用。对卖方来说,它是卖出期权的报酬,也称期权价格、保险费、权价等。

权利金的意义在于,期权的买方可以把可能会遭受的损失控制在权利金金额的限度内。对于卖方来说,卖出一项期权可以立即获得一笔权利金收入,而并不需要马上进行标的物(如期货合约等)的交割,但也存在一定风险,即无论期货市场上的价格如何变动,卖方都必须做好履行期权合约的准备。

(二)期权交易的风险

期权交易的风险有以下几种:

(1)价格变动风险。期权会随着不同月份期货价格的变化而变化,具有一定的市场价格变动风险。

(2)对冲风险。对冲机制不能保证任何期权合约对冲后不受损失,只能通过对冲减少价格变动带来的损失。

(3)保证金风险。期权交易对保证金有严格的要求,投资者要承担一定的保证金风险。如果投资者到期不行权,则无法得到保证金。

(4)行使权利的风险。期权是一种选择权,执行与否具有很大的不确定性,会带来相应的风险。

(三)期权交易的定价

期权交易的定价是指确定期权行使价。期权行使价是指在行使期权时,用以买卖标的资产的价格。一般来说,期权交易会约定几个不同的交易价格,在执行时交易价格会随资产的变动而变动,一般以交易活跃的资产的价格作为执行价格。

二、期权交易的特点

根据期权的内涵,期权交易具有以下几个特点:

(1)期权选择权与缴纳的权利金对等。

(2)期权是未来的权利,可以在未来的一段时间内交割,也可以在未来的某个特定日期交割。美式期权通常是在未来的一段时间内交割,欧式期权是在未来的某个特定日期交割。

(3)双方约定的交易商品对象是特定的。

(4)执行价格是事先约定的。

(5)期权买方交易时既可以先开空仓,也可以先开多仓。

第3节　期权交易的分类

根据交易场所是否具有集中性及交易的期权合约是否标准化,期权交易可分为场内期权交易和场外期权交易。

一、场内期权交易

(一)场内期权交易的含义

场内期权交易也被译为"交易所交易期权"或"交易所上市期权",是指投资者通过证券、期货公司在交易所公开买卖标准化期权合约并通过清算机构进行集中清算的一种期权交易模式。如上海证券交易所推出的上证 50ETF 期权合约,该合约由交易所统一制定,投资者可以通过证券、期货公司在交易所进行公开交易。

(二)场内期权交易的发展状况

世界上最早的场内期权交易起源于 1973 年美国芝加哥期货交易所,当时推出的场内期权合约是以 16 只个股为标的的股票指数合约。后来先后推出了指数期权合约交易、变通期权合约交易、长期期权合约交易和以星期为周期的期权合约交易。目前,场内期权交易已经发展为重要的全球风险管理衍生品,欧洲等发达市场以及亚洲、拉美等新兴市场都相继推出了场内期权交易。

目前我国场内期权交易品种较少,交易最活跃的是上证 50ETF 期权。中国证监会于 2016 年 12 月 16 日批准了郑州商品交易所白糖期权合约和大连商品交易所豆粕期权合约,两者于 2017 年正式开始交易。

二、场外期权交易

(一)场外期权交易的含义

场外期权交易是指在非集中性的交易场所进行的非标准化的金融期权合约交易,是根据场外双方的洽谈或者中间商的撮合,按照双方需求自行制定金融衍生品期权非标准化合约进行交易的一种模式。

(二)场外期权交易的发展状况

场外期权交易根据客户的需求设计,没有统一的挂牌和指令规则,更加灵活与个性化。目前,全球场外期权交易规模约是场内期权交易规模的 1.5 倍,场外期权交易标的以利率和汇率的期权合约为主,投资者以交易商为主,短期限产品占比最高。我国的场外期权交易起步较晚,规模也较小,产品数量与交易活跃程度都远低于国外发达市场,但发展速度较快。

三、场内期权交易与场外期权交易的区别

场内期权交易与场外期权交易差别不大,期权合约是否标准化是两者最根本的区别,其他的不同点也是围绕期权合约的不同表现出来的。(见表 7-1)

表 7-1　场内期权交易与场外期权交易的区别

	场内期权交易	场外期权交易
合约类型	标准化合约	个性化合约
灵活程度	低	高
流动性	高	低
公开透明程度	高	低
参与者	做市商、公司、机构投资者、个人投资者	做市商、公司、机构投资者
定价方法	估值	协商
报价模式	动态	静态

续　表

	场内期权交易	场外期权交易
交易机制	集中交易	非集中交易
存在风险	市场风险	市场风险、信用风险、流动性风险、结算风险
监管机制	政府监管与行业自律	以行业自律为主导
做市商成本	投资、投机、避险	投资、投机、避险、金融衍生品开发

第4节　期权交易与期货交易的联系与区别

一、期权交易与期货交易的联系

（1）从交易特点来看，都是以标准化合约为交易对象。

（2）从产生时间来看，期货交易要早于期权交易，期权交易是期货交易的重要补充。

（3）从交易机制来看，期货交易与期权交易均可以平仓交割，而不一定要实物交割。

（4）从解约方式来看，期权交易与期货交易均可以采取对冲方式来解除履约责任。

（5）从履约结果来看，期权交易履约后就可以转化成持有相应数量和品种的期货仓位。

二、期权交易与期货交易的区别

（1）权利、义务不同。

期货合约对交易双方的权利和义务具有强制性。期货交易面临的风险与收益是对称的。只有通过对冲才能免除合约交割的义务。而期权交易面临的风险、收益是非对称的。期权买方行权与否是非强制的。但期权买方一旦选择行权，期权卖方就必须履约。

（2）交易内容不同。

期货交易内容是实物商品或有价证券的标准化合约；期权交易内容则是未来期货合约交易的选择权，是一种权利。

（3）交割价格不同。

期货交易价格随时在变化，具有很大的不确定性；而期权交易则约定好了未来的行权价格。

（4）交割方式不同。

期货交易必须平仓或交割；而期权交易在行权到期时可以放弃行权，期权是一种自愿的选择权。

（5）保证金规定不同。

期货交易缴纳的是保证金，期权交易缴纳的是权利金，但市场价格变化都会引起保证金或权利金的变化，因此有可能要追缴。

（6）风险不同。

期货交易与期权交易均有较大风险，受到市场综合因素的影响。期权交易中期权买方承担的风险是有限的，相比而言，卖方风险较大，但可以通过追缴权利金在一定程度上控制风险。而期货交易的买卖双方都需要承担较大的风险。

（7）获利机会不同。

期货交易主要依靠对未来价格走势的正确预测分析来获利，判断准确是获利的前提，一旦判断错误，则亏损也较大。而期权交易更能保障期权买方获利的机会，买方损失一定权利金可以拥有未来行权获利的机会，增加了盈利的机会。

本章习题或综合训练项目

1. 期权行使价有什么作用？如何确定期权价格？

2. 期权交易与期货交易的联系与区别有哪些？

3. 在期权交易中，买方处于主动地位，可能会以有限的损失获取巨大的收益；而卖方只有被动接受的义务，以巨大的损失获取有限的收益，始终处于被动地位。请理论联系实际，评述该观点。

课程思政项目

课程思政项目之七：人生的期权价值与素质投资

1.背景材料

期权有股票期权、期货期权、现金期权。我们从激励的角度来分析一下股票期权与现金期权的激励作用。

股票期权是指赋予员工在有限条件下以一定价格购买公司股票的权利,满足条件时可以行使或放弃。例如某大宗商品制造商在 2022 年推出股权激励计划,被授予股权的激励对象共 920 人,具体包括实施激励计划时在任的公司董事、高级管理人员、子公司高管、高级技术人员、中层管理人员以及核心技术(业务)人员。激励对象不包括公司监事、独立董事。公司推出的股权激励计划,充分彰显与员工共享发展成果的经营理念,公司经营管理层的工作积极性和人员稳定性将得到提高。根据草案,以 2018—2020 年业绩均值为基数,2023—2025 年的增长率分别不低于 100%、130%、160%,且不低于对标企业 75 分位值水平或同行业平均水平,彰显出公司长期稳健发展的决心和信心。

一些没有进行股份制改造的公司,就会用现金期权代替股票期权。创业阶段,公司给不了高薪。这个时候,期权是激励员工非常有用的东西。期权除了"吸引"员工加入外,还可以起到"留住"员工的作用。如果员工拿到工资或奖金后离开公司,肯定会对公司造成一定损害,但对员工的损害很小。如果员工拿期权,情况就不一样了,期权需要几年时间(一般是 3 年到 5 年)绑定,且要达到岗位考核应具备的绩效。因此,公司会将部分应得奖金额度转化为几年后的期权,并配套赠予一定比例的现金期权奖励。

高校师资队伍老的老、小的小,四五十岁的壮年留不住,怎么办?为破解师资力量"青黄不接"的尴尬,江苏的南通理工学院使出了"期权激励"制度。2016 年 9 月 7 日,在南通理工学院庆祝教师节大会上,该校 68 名教师领到了价值共计 100 万元的第一批期权奖励券,持期权奖励券的教师在年满 50 周岁后,每工作满 1 年领取个人所获期权奖励的 10%,直到年满 60 周岁全部领完。如在未满 50 周岁离职离岗,其奖励将自动作废;50 周岁后离职离岗,未领取部分自动作废。此举是学校正常奖励制度外的激励制度,主要目的在于留住 40 岁至 50 岁的教职人员,改变学校师资力量"青黄不接"的现实。

期权的行权,取决于内在的价值在市场上的价格表现。这依然是价值规律作用的结果。想要获得期权激励,就需要更加努力达到获取的条件或资格。

2.思政项目任务布置与要求

(1)结合具体的学习与工作情况,谈一谈你将如何提升未来人生期权价值。

(2)你是如何理解期权的? 期权的内涵对你是否考研有什么启示?

课程思政 指引七

关键词:期权激励 人生价值

第8章 大宗商品交易风险控制

 本章要点

本章主要介绍大宗商品交易风险的类型与控制方法。通过学习本章,学生应学会识别大宗商品交易风险,掌握控制大宗商品交易风险的方法,重点掌握市场风险与操作风险识别与控制的方法。

第1节 大宗商品交易风险概述

一、风险

市场的不确定性带来许多风险。风险是不能根除的,但可以通过科学的方法和有效的投资工具来减轻风险程度。风险管理是一门新兴学科,在投资界发展很快且越来越受重视。

(一)导入案例

大宗商品交易风险案例:美国加州橘县破产事件

1994 年 12 月 6 日美国加州橘县政府投资债券、基金损失 16.9 亿美元后宣布破产。橘县政府财务长罗伯特·西特伦是这次事件的祸首。他于 1972 年开始担任债券交易员,操作绩效非常好,为橘县政府基金赚了不少钱,在 1990 年初因民众抗拒增税使各地方政府财政吃紧的政治环境下,该基金特别受欢迎,因而吸引了许多地方政府机构的资金加入,有些甚至借钱来投资该基金。到 1994 年这一基金已成长到 75 亿美元。

1994 年初,西特伦变得越来越重要,因为他总是能为公共服务"变出"更多的钱。西特伦的操作方式我们或许无法窥知,但可以确定的是,西特伦的基金必定是承担了更大的风险才能创造比别的基金更多的收益。事实上西特伦的确是利用了许多杠杆操作,将 75 亿美元的资金扩大成 200 亿美元,报酬和风险也因此倍增。

西特伦的策略一开始相当成功,但 1994 年 2 月起美国联邦储备委员会开始出台一连串的升息政策,到 1994 年底共升息了 2.25%,债券价格因而大幅下跌。西特伦的基金也因为杠杆操作而加速亏损,终致亏损 16.9 亿美元。这种由价格波动造成的市场风险是西特伦基金亏损的主因,但亏损如此巨大甚至导致橘县破产,恐怕应归咎于西特伦利用杠杆操作将仓位扩大到所能承担的风险限额外,而橘县政府也没有建立完善的投资规范和风险控制管理制度。

资料来源:韩德华.简析美国橘县破产后的重组过程及其启示[J].社科纵横(新理论版),2010(1):86-87.

这是一个为了追求超额报酬而忽略风险控制的典型案例。

(二)风险的含义

风险是一个含义宽泛的常用术语。随着经济形势的不断变化,金融体系的不断演变和金融市场的波动性显著增强,对大宗商品交易风险的理解日益具体和深入。

美国的阿瑟·威廉姆斯等在《风险管理与保险》一书中,把风险定义为"在给定的情况下和特定的时间内,那些可能发生的结果间的差异程度。如果肯定只有一个结果发生,则差异为零,风险为零;如果有多种可能结果,则有风险,且差异越大,风险越大"。

从事物的不确定性出发,事物的结果可能是坏的,也可能是好的,风险与机会并存。不确定性和损失是风险的两大要素。目前,学术界对风险还没有统一的定义,由于对风险的理解和认识程度不同,或对风险研究的角度不同,不同的学者对风险有着不同的解释,但可以归纳出以下两种代表性观点。

(1)风险是未来可能收益的不确定性。未来收益是不确定的,通过计算预期收益的方差可以度量风险的程度或大小。

(2)风险是未来发生损失的不确定性。风险是一种可能的损失,具有很大的不确定性。持有这一观点的有风险主观学说和风险客观学说。风险主观学说认为风险是投资者个人在主观上或心理上的认识,其不确定性感知因人而异。风险客观学说则认为大宗商品交易风险是指在交易中客观存在的、不以人的意志为转移的市场风险与流动性风险,其不确定性可以用数理统计方法来度量。

在本书中,风险被定义为未来结果出现收益或损失的不确定性。具体来说,如果某个事件的收益或损失存在变化的可能,且这种变化过程事先无法确定,则存在风险。在现实世界中,由于大宗商品交易的业务和经营特色各不相同,风险所造成的结果既可能是正面的,也可能是负面的。例如,中央银行上调基准利率,浮动利率贷款业务占较大比重的大宗商品交易,可能因利率上升而增加收益;但持有大量金融工具的大宗商品交易,则可能因利率上升而降低其市场价值,甚至造成巨额损失。没有风险就没有收益。正确认识并深入理解风险与收益的关系,有助于进行大宗商品交易。

(三)风险的特性

(1)客观性。

风险是客观存在的,不以人的意志为转移。

(2)相对性。

风险等级依赖于个人的解释(主观性)。例如,同一损失对拥有不同财富的人来说,代表的风险等级不同,由个人主观信念强度来测定。风险的相对性是针对个体不同的承受能力而言的。风险主体对风险的承受能力是不同的,主要与收益的大小、投入的大小和风险主体的地位及其拥有的资源量有关。

课堂讨论:你是风险厌恶型投资者,还是风险喜好型投资者? 这两种类型的投资者在大宗商品投资中会有怎样的不同行为表现?

(3)可测性(可度量)。

损失幅度、损失概率是可以测定的,由此决定了风险是中风险、低风险还是高风险。风险=S(后果严重性)$\times F$(发生的频次)。

课堂讨论:目前原油、铁矿石、螺纹钢等主要大宗商品期货处于什么样的风险区? 为什么?

(4)负面性(损失性)。

风险的负面性要求交易主体在损害发生前采取预防措施。

（5）可变性。

投资成功可以获得收益，结果是致富、丰衣足食，甚至促进社会发展，而一旦损失严重则会倾家荡产、家破人亡。

（6）随机性。

风险具有随机性，需要一定时间和诱因，但风险有一定的规律可循。

（7）普遍性。

全球投资界中的风险事件每天都有可能发生。

二、大宗商品交易的主要风险类型

（一）市场风险

市场风险是指市场价格（利率、汇率、股票价格和商品价格）的不利变动导致金融机构表内和表外业务发生损失的风险。市场风险存在于自营交易与非自营交易业务中。自营交易业务风险是指期货公司参与期货交易面临的亏损风险。非自营交易业务风险是指客户参与期货交易爆仓后一走了之，客户的亏损由期货公司先行承担而带来的风险，这一风险是期货公司最主要也是最难解决的风险。

大宗商品行业把握发展机遇

（二）操作风险

操作风险是指由不完善或有问题的内部程序、员工和信息科技系统，以及外部事件造成损失的风险。

（三）信用风险

信用风险又称违约风险，是指债务人或交易对手未能履行合同所规定的义务或信用质量发生变化，从而给债权人或侵权机构带来损失的风险。信用风险几乎存在于债券机构（如银行）的所有业务中。

综合案例分析：英国巴林银行倒闭

1995 年 2 月 26 日，英国银行业的泰斗，在世界 1000 家大银行中按核心资本排名第 489 位的巴林银行，因进行巨额金融期货投机交易，造成 9.16 亿英镑的巨额亏损，被迫宣布破产。经英格兰银行的斡旋，3 月 5 日，荷兰国际集团（ING）以

1 英镑的象征性价格,宣布完全收购巴林银行。

1.案例介绍

巴林银行创立于 1762 年,至 1995 年已有 233 年的历史。其最初从事贸易活动,后涉足证券业,19 世纪初,成为英国政府证券的首席发行商。此后 100 多年来,该银行在证券、基金、商业银行业务等方面取得了长足发展,成为伦敦金融中心位居前列的集团化证券商,连英国女皇的资产都委托其管理,素有"女皇的银行"的美称。该行 1993 年的资产达 59 亿英镑,负债达 56 亿英镑,资本金加储备达 4.5 亿英镑,海内外职员达 4000 人,盈利达 1.05 亿英镑;1994 年税前利润高达 1.5 亿英镑。该行当时管理 300 亿英镑的基金资产、15 亿英镑的非银行存款和 10 亿英镑的银行存款。

就是这样一个历史悠久、声名显赫的银行,竟因年轻职员尼克·里森期货投机的失败而陷入绝境。1992 年,28 岁的尼克·里森被巴林银行总部任命为新加坡巴林期货有限公司的总经理兼首席交易员,负责该行在新加坡的期货交易并实际从事期货交易。1992 年,巴林银行有一个代码为"99905"的"错误账户",专门处理交易过程中因疏忽而造成的差错,如将买入误认为卖出等。新加坡巴林期货有限公司的差错记录均记入这一账户,并发往伦敦总部。1992 年夏天,伦敦总部的清算负责人乔丹·鲍塞要求里森另外开设一个"错误账户",以记录小额差错,并自行处理,以省却伦敦总部的麻烦。此"错误账户"以代码"88888"为名设立。数周之后,巴林总部换了一套新的电脑系统,重新决定新加坡巴林期货有限公司的所有差错记录仍经由"99905"账户向伦敦报告。"88888"错误账户因此搁置不用,但却成为一个真正的错误账户留存在电脑之中。这个被人为疏忽的账户后来就成为里森造假的工具。倘若当时能取消这一账户,巴林银行的历史就可能被改写了。

1992 年 7 月 17 日,里森手下一名刚加入巴林的王姓交易员出了一笔差错:将客户的 20 手日经指数期货合约的买入委托误为卖出。里森在当晚清算时发现了这笔差错。要矫正这笔差错就须买回 40 手合约,按当日收盘价计算,将损失 2 万英镑,并应报告巴林总部。但在种种考虑之下,里森利用错误账户"88888"承接了 40 手卖出合约,以使账面平衡。由此,一笔代理业务便衍生出了一笔自营业务,并形成了空头敞口头寸。数天以后,日经指数上升了 200 点,这笔空头头寸的损失也由 2 万英镑增加到 6 万英镑。里森当时的年薪还不足 5 万英镑,且先前已有隐瞒不报的违规之举,因而此时他更不敢向总部报告了。

　　此后,里森便一发不可收拾,频频利用"88888"账户吸收下属的交易差错。仅其后不到半年的时间里,该账户就吸收了 30 次差错。为了应付每月月底巴林总部的账户审查,里森就将自己的佣金收入转入"88888"账户,以弥补亏损。由于这些亏损的数额不大,结果倒也没被发现。1993 年 1 月,里森手下有一名交易员出现了两笔大额差错:一笔是客户的 420 手合约没有卖出,另一笔是 100 手合约的卖出指令误为买入。里森再次做出了错误的决定,用"88888"账户保留了敞口头寸。由于这些敞口头寸的数额越积越大,随着行情出现不利的波动,亏损数额也日趋增长至 600 万英镑,以致里森无法用个人收入填平。在这种情况下,里森尝试以自营收入来弥补亏损。幸运的是,到 1993 年 7 月,"88888"账户居然由于自营获利而转亏为盈。如果里森就此打住,巴林银行的倒闭厄运也许会得以幸免。然而这一次的成功却从反面为他继续利用"88888"账户吸收差错增添了信心。1993 年 7 月,里森接到了一笔买入 6000 手期权的委托业务,但由于价格低而无法成交。为了做成这笔业务,里森又按惯例用"88888"账户卖出部分期权。后来,他又用该账户继续吸收其他差错。结果,随着行情不利,里森再一次陷入了巨额亏损的境地。到 1994 年时,亏损额已由 2000 万、3000 万英镑一直增加到 7 月份的5000 万英镑。为了应付查账,里森假造了花旗银行有 5000 万英镑存款。其间,巴林总部虽曾派人花了 1 个月的时间调查里森的账目,但却无人去核实花旗银行是否真有这样一笔存款。从 1994 年下半年起,里森在日本东京市场上做了一种十分复杂、期望值很高、风险也极大的衍生金融商品交易——日本日经指数期货。他认为日本经济走出衰退,日元坚挺,日本股市必大有可为。日经指数将会在19000 点以上浮动,如果跌破此位,一般来说,日本政府会出面干预,故他想一赌日本股市劲升,便逐渐买入日经 225 指数期货建仓。1995 年 1 月 26 日,里森竟用了 270 亿美元进行日经指数期货投机。不料,日经指数从 1 月初起一路下滑,到1995 年 1 月 18 日又发生了日本神户大地震,股市因此暴跌。里森所持的多头头寸遭受重创。为了反败为胜,他继续从伦敦调入巨资,增加持仓,即大量买进日经股价指数期货,沽空日本政府债券。到 2 月 10 日,里森已在新加坡国际金融交易所持有 55000 手日经股价指数期货合约,创出该所的历史纪录。

　　所有这些交易均计入"88888"账户。为维持数额如此巨大的交易,每天需要3000 万—4000 万英镑。巴林总部竟然接受里森的各种理由,照付不误。2 月中旬,巴林总部转至新加坡5亿多英镑,已超过了其4.7亿英镑的股本金。1995年2月23日,日经股价指数急剧下挫276.6点,收报17885点,里森持有的多头合约已达6万余手,面对日本政府债券价格的一路上扬,持有的空头合约也多达26000手。由此造成的损失则激增至令人咋舌的8.6亿英镑,并导致了巴林银行的最终垮台。当天,里森已意识到无法弥补亏损,于是仓皇出逃。

26日晚9点30分,英国中央银行——英格兰银行在没拿出其他拯救方案的情况下只好宣布对巴林银行进行倒闭清算,寻找买主承担债务。同时,伦敦清算所表示,经与有关方面协商,将巴林银行作为无力偿还欠款处理,并根据有关法律赋予的权力,将巴林自营未平仓合约平仓,将其代理客户的未平仓合约转移至其他会员处。27日(周一),东京股市日经平均指数再急挫664点,又使巴林银行的损失增加了2.8亿美元,截至当日,尼克·里森所持的未平仓合约总值达270亿美元,包括购入的70亿美元日经指数期货,沽出的200亿美元日本政府债券。在英国央行及有关方面的协助下,3月2日(周四)在日经指数期货反弹300多点的情况下,巴林银行所有(不只新加坡的)未平仓期货合约(包括日经指数及日本国债期货等)分别在新加坡国际金融期货交易所、东京国际金融期货交易所及大阪期货交易所几近平掉。至此,巴林银行由于金融衍生工具投资失败导致的亏损高达9.16亿英镑,约合14亿多美元。

3月6日,荷兰国际集团与巴林银行达成协议,愿出资7.65亿英镑(约12.6亿美元)现金,接管其全部资产与负债,使其恢复运作,将其更名为"巴林银行有限公司"。3月9日,此方案获得英格兰银行及法院批准,收购巴林银行的法律程序完成,巴林全部银行业务及部分证券、基金业务恢复运作。至此,巴林倒闭风波暂告一段落,令英国人骄傲两个世纪的银行已易新主,可谓百年基业毁于一旦。

此案中,使巴林银行遭受灭顶之灾的尼克·里森于1995年2月23日仓皇逃离新加坡,3月2日凌晨在德国法兰克福机场被捕,11月22日,应新加坡司法当局的要求,德国警方将在逃的里森引渡到新加坡受审。12月2日,新加坡法庭以非法投机并致使巴林银行倒闭的财务欺诈罪名判处里森有期徒刑6年6个月,同时令其缴付15万新加坡元的诉讼费。1999年4月5日,新加坡司法当局宣布,里森因在狱中表现良好,提前于1999年7月3日获释出狱,并将其驱逐出境。7月4日,里森回到伦敦。

2.巴林银行破产案涉及的专有名词

(1)头寸。

头寸指投资者拥有或借用的资金数量。例如：投资者如果买入了一笔欧元多头头寸合约,就称这个投资者持有了一笔欧元多头头寸;如果空开了一笔欧元汇率期货合约,则称这个投资者持有了一笔欧元空头头寸。当投资者将手里持有的欧元空头头寸卖回给市场的时候,就称之为平仓。如果银行在当日的全部收付款中收入款项大于支出款项,就称为"多头寸";如果支出款项大于收入款项,就称为"缺头寸"。预计这一类头寸的多与少的行为称为"轧头寸"。到处想方设法调进款项的行为称为"调头寸"。如果暂时未用的款项大于需用量,则称为"头寸松";如果资金需求量大于闲置量,则称为"头寸紧"。

(2)多头与空头。

在期货开户交易中建仓时,买入期货合约后所持有的头寸叫多头头寸,简称多头;卖出期货合约后所持有的头寸叫空头头寸,简称空头。

(3)净头寸。

商品未平仓多头合约与未平仓空头合约之间的差额就叫作净头寸。只在期货交易中有这种做法,现货交易中还没有这种做法。

3.本案例中的风险为什么没有被避免

巴林银行在新加坡期货期权市场上的首席交易员里森在股票指数期货市场上累积了日经指数的大量头寸。巴林在新加坡和大阪的期货交易所的名义头寸额达到了 70 亿美元。由于在 1995 年的前两个月市场指数下跌超过了 15％,巴林的期货头寸遭受巨大损失。里森还同时出售跨式期权组合(做跨式期权的空头),使得原有的损失进一步加剧了,因为这一组合期权的空头头寸将"宝"押在了市场将是稳定的这一"赌注"上。当已经察觉到损失的存在时,里森顽固地坚持他是对的,又增加了头寸的规模。新加坡和大阪的期货交易所也承认了他们没有充分注意到巴林银行头寸规模的问题。事实上,在大阪期货交易所,巴林已有 22 万份合约,而每份合约价值 20 万美元。这是该交易所的第二大头寸。一家美国期货交易所的官员曾说过,如果这样的头寸发生在美国,可能会更早地引起交易所管理层的注意。里森没有受到有效内部监管的原因之一是他惊人的执业纪录。1994年,里森为巴林赢得 2000 万美元的利润,占整个企业利润的 1/51。当年里森得到 15 万美元的工资和 100 万美元的奖金。在某些时候,他是巴林证券除第一号人物克里斯托弗·希思之外收入最高的管理人员。巴林银行的破产也被指责为是巴林企业内部采取的一种"矩阵"式的管理结构导致的。里森所在的单位同时采用地域性和职能性两条汇报路线。这种管理结构所蕴含的分散性特征削弱了监督的有效性。还有一些指责说,银行的高层管理人员事实上已了解到这一头寸所包含的风险,但还是同意转账约 10 亿美元给里森来支付保证金。在 1994 年的审计报告中,巴林的高级管理层显然忽略了报告所反映的问题。审计师曾指出:"里森手中的权力过分地集中。"对这一事件的最终原因,1995 年 2 月 27 日《华尔街日报》的一篇报道做了很好的总结,这篇报道援引了英格兰银行对巴林的官方评论:"英格兰银行的官员称,他们不认为这一事件中出现的问题是一种金融衍生品交易的特例……,即交易员持有未经授权的头寸。真正的问题在于投资部门进行内部控制的强度以及由交易所和监管机构所执行的外部监管的强度不够。"

4.巴林银行倒闭的原因分析及启示

(1)巴林银行倒闭的原因分析。

①巴林集团管理层的失职。

②松散的内部控制。

③业务交易部门与行政、财务管理部门职责不明。

④代客交易部门与自营交易部门划分不清。

⑤奖金结构与风险参数比例失当。

⑥缺乏全球性的信息沟通与协调。

(2)对期货交易的启示。

①必须加强对金融机构特别是跨国金融机构的监管。

②必须建立严密的衍生工具交易内部监管制度。

③必须加强金融机构的外部监管。

④必须加强对金融机构高级管理人员和重要岗位业务人员的资格审查和监督管理。

资料来源:艾金根,张迪生.巴林银行倒闭的教训及启示[J].上海金融,1995(5):31-32.

第2节　大宗商品交易风险控制的内容

一、大宗商品交易的市场风险控制

（一）导入案例

大宗商品交易市场面临整顿风暴，农行排查交易场所风险

2015年10月8日，中国农业银行下发了《关于开展电子商务平台类商户业务风险专项排查工作的通知》（以下简称《排查通知》）。这份《排查通知》措辞严厉，如果严格按照这份《排查通知》执行，国内大多数大宗商品电子交易场所的业务将难以为继。行业分析人士对记者表示，中国农业银行下发的《排查通知》，只是行业整顿浪潮的一个例子，其他各大银行也已下发或将下发类似文件，这是部际联席会议办公室按照清理整顿各类交易场所的规定统一部署采取的行动。

1.5种情况将被暂停合作业务

《排查通知》显示，本次排查的对象为与该行开展电子商务支付业务合作的商户，重点为各交易中心、交易所、交易市场以及从事电子盘交易的平台类商户（不含各级政府类招投标中心）。中国农业银行指出，近年来，该行电子商务平台类商户支付业务发展迅速。截至2015年8月末，该业务累计交易额超过6000亿元，同比增长387％，业务覆盖钢铁、有色金属、石油石化等多个行业。与此同时，在银行和商户合作的过程中也暴露出诸多问题。一是商户违规经营。部分商户的交易对象、交易方式违反有关法律、法规，或者超出省级批文范围，涉嫌违规经营。二是商户风险防控不力。部分商户在交易中涉及配资交易、回购交易等新兴交易方式，在经济下行周期中，未做好风险防控，出现流动性风险，给投资人带来较大损失。三是虚假宣传。部分商户在其业务推广中宣称与中国农业银行进行资金托管/存管合作，利用该行信誉为其背书，给该行带来较大潜在风险。为此，中国农业银行展开排查，排查的重点为：商户是否获得政府相关批文；交易对象有哪些，是否符合政府相关法律、法规及批文；交易方式有哪些，有无配资交易、回购交易等新兴交易方式，是否符合相关法律、法规及批文；商户是否涉及虚假宣传，宣

称中国农业银行为其进行资金托管/存管。

在排查过程中,发现有以下情况的商户须立即暂停与其的业务合作:未获得省级政府相关批文的商户;交易对象有黄金、保险、信贷等金融产品或者交易对象超出政府批文范围的商户;存在集合竞价、连续交易、电子撮合、匿名交易、做市商等交易方式的商户;将权益按照标准化交易单位持续挂牌、交易时间小于 T+5 (交易在 5 个交易日后才能得到确认)的,或者以集中交易方式进行标准化合约交易的商户;商户在其业务推广宣传中有使用"中国农业银行资金托管/存管"等标语的虚假宣传行为。本次排查分两个阶段进行:第一阶段为各分行自主检查阶段;第二阶段为总行现场检查阶段。中国农业银行表示,2015 年 10 月 26 日至 30 日,总行将组织专项检查小组,对相关分行自主排查情况进行抽查,对存在瞒、漏、骗等情况的分行进行全行通报。

2. 行业乱象引发整顿

中国农业银行本次《排查通知》直指行业存在的一些弊病。比如,众多交易场所在向投资者进行宣传时,都会声称投资者的资金是托管于某一个大型银行。"这种宣传是错误的,它会让投资者产生错觉,即银行负责监管资金的安全。而实际上,银行对此类业务的定位是支付业务,也就是为交易场所提供资金支付账户而已。也正因如此,交易场所挪用客户资金的事情时有发生。"一位不愿透露姓名的行业人士表示。资金监管是各类交易场所的一个核心问题,但这个问题还有待解决。"银行现在没有为各交易场所提供第三方托管业务,资金安全主要靠各交易所自律。一些省份正在尝试成立资金清算中心,这是业内非常期待的。"另外,中国农业银行本次排查的交易方式,如集合竞价、连续交易、电子撮合、匿名交易、做市商交易、标准化合约交易等,在业内也较为流行。此类交易方式虽然一直被政策所禁止,但实际上却处于"禁而不止"的状态。银行此次加入对此类交易方式的清理整顿,可能会使局势发生重大变化。行业分析人士表示,发出类似于《排查通知》的并非中国农业银行一家,国内各大商业银行均已行动起来。由于近期风险事件频发,尤其是原油、贵金属类交易平台频频被投资者举报,行业整顿风暴已经再度来袭。记者注意到,2015 年 7 月 7 日,中色金银贸易中心因服务器关闭导致无法出入金,引发投资者大规模举报。至 2015 年 8 月 5 日,内蒙古赤峰市巴林左旗公安局通过官方微博向公众通报:中色金银贸易中心利用非法平台进行诈骗,目前已抓获犯罪嫌疑人 34 名,冻结涉案资金 2.05 亿元。同样在 2015 年 7

月,国内另一家知名贵金属交易平台昆明泛亚有色金属交易所爆发兑付危机,牵涉全国 20 个省份,数万名投资者的数百亿元资金去向不明,此案在 2015 年 9 月底出现扩大化趋势,引发大规模投资者的举报、上访。

上述不愿透露姓名的行业人士表示,由于监管缺失,犯罪成本过低,借交易场所搞庞氏骗局的欺诈在行业内很常见,这也正是行业不断爆发兑付危机、出逃跑路等事件的根本原因,"而这样的乱象,也正让行业发展遭受致命的打击"。

3. 新闻同期声

大宗平台与传统产业需磨合。近日,重庆市公安局捣毁一特大矿石现货交易诈骗团伙,涉案金额达 3.3 亿元。该团伙利用矿石现货交易平台,通过导入虚假矿石数据、人为改动交易平台的 K 线图、虚构矿石现货等手法进行诈骗,以此赚取客户资金,收取大量交易手续费,并骗取客户所谓的"矿石托管费"。对于近期各类打着产业电商旗号的大宗商品平台频频曝出违规操作等乱象,大宗商品发展研究中心秘书长、《经济导报》特约评论员刘心田表示,当前传统产业与大宗商品平台远未实现整合,实际上两者各行其道。最新统计数据显示,截至 2015 年 6 月,我国大宗商品电子交易市场总数已突破 1100 家,其中仅 2014 年新注册挂牌的就超过 90 家。在 200 家重点监测对象中,有色金属类交易市场占 32%,农副产品类占 24%,能源、钢铁类占比均接近 10%。除此之外,还有化工、橡塑、纺织、酒类、药材等。"虽然石化、钢铁等各个产业都提出'互联网+',高喊要结合实体产业,但实际上运作产业和平台的是两群人,做的是两回事,两者尚处于物理磨合阶段。"大宗商品平台与传统产业结合可以分 3 个阶段,即物理阶段、化学阶段和智能阶段。物理阶段很简单,就是软硬件都已齐备,"电"通了,"网"上了;化学阶段就上了一大台阶,两者产生"化学反应",要么是一方使另一方的性质发生变化,要么是两者结合成为新的"物种";智能阶段就是最高级阶段,也是终极阶段,实现生态化、智能化,系统在一体化的基础上智能化,会自我科学调整、理性发展。大宗商品平台与传统产业结合的物理阶段尚会持续一段时间,原因有三:一是从物理阶段到化学阶段必须经过一定的积累,没有物理阶段就没有化学阶段;二是阶段升级的条件目前尚不充分,其中最重要的因素就是人,平台人才缺少行业积淀,行业人才缺乏平台手段;三是大环境尚不完善,大物流、大金融、大数据等尚不成熟。"目前已有部分大宗商品平台和部分产业出现'化学反应'迹象,但大宗商品平台与传统产业结合全面进入'化学阶段'或在 2018 年。"

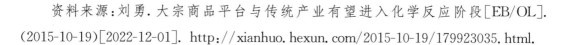

资料来源：刘勇. 大宗商品平台与传统产业有望进入化学反应阶段［EB/OL］.
(2015-10-19)[2022-12-01]. http://xianhuo. hexun. com/2015-10-19/179923035. html.

(二)大宗商品交易市场风险的内涵

大宗期货交易实行资金杠杆交易,放大了市场风险,随时可能面临爆仓,遭遇强平的风险,因此对参与交易的投资者的专业素养与心态要求较高。

(三)控制大宗商品交易市场风险的规则

市场风险是不以投资者的意志为转移的,是参与市场投机者无法回避的。但投资者的素质高低与心态稳定程度影响其对市场风险的控制。

规则一:控制情绪,控制仓位。通过不断试盘,逐渐把握市场规律。

规则二:把握稍纵即逝的机会。一旦市场趋势和预期相同,投资者就要敢于加大仓位,乘胜追击。判断失误时则清仓出局,认输不恋战。

规则三:制定交易策略并严格执行。不打无准备之仗。

规则四:控制资金风险,仓位要留有余地。

规则五:树立正确的盈亏观。输得起,放得下。市场起起伏伏,人生也是起起伏伏,树立正确的金钱观,交易实战中要牢记"不亏就是赚"的思想。

规则六:把握好市场趋势,不做对趋势没把握或对趋势认识不清的交易。宁可少做,也不可盲目出手做错。

规则七:知己知彼,百战不殆。要全面了解自己和对手的投资风格与投资心理。

规则八:知行合一,坚持方向。

规则九:做好预案,以应对市场的突发情况。因为市场会出现一些非系统性风险,投资者要正确对待。

二、大宗商品交易的操作风险控制

(一)大宗商品交易操作风险的内涵

大宗商品交易操作风险主要是指交易或管理流程、交易操作人员、交易系统以及外部事件等导致交易操作人员操作失误(出错)而引起的一种可能性损失。

(二)大宗商品交易操作风险的主要内容

操作风险包括以下几方面内容:

（1）负责风险管理的计算机系统出现差错，导致投资者不能正确地把握市场风险，或因计算机操作错误而破坏数据的风险。

（2）储存交易数据的计算机因灾害或操作错误而引起损失的风险。

（3）因工作责任不明确或工作程序不恰当，不能进行准确结算或发生作弊行为的风险。

（4）交易操作人员指令处理错误、不完善的内部制度与处理步骤等造成的风险。

（三）控制大宗商品交易操作风险的措施

控制大宗商品交易操作风险的措施主要包含以下几点。

（1）要熟练掌握用于交易委托的计算机系统的使用方法及功能，遇到计算机系统故障时，有备用的委托下单方式及查询措施。

（2）在进行交易前要熟练应用交易软件，在交易过程中注意力要集中，交易时要细心，下单时不要因为盲目抢时间而出差错。熟悉大宗商品交易规则、期货交易软件的使用方法以及期货市场的基本制度，控制由于对交易的无知而产生的风险。特别是习惯做多股票的交易者，要学会做空，不能在不考虑价格和时间这两个因素的情况下，执着于只做死多头。

（3）注意大宗商品交易的流动性风险。流动性风险，是指投资者无法及时以合理的价格买入或卖出股指期货合约，以顺利完成开仓或平仓的风险。投资者应避免参与临近最后交易日的合约交易。如果投资者希望长期持有，可以在当月合约到期前几天进行平仓，而在下月以合约新开仓的方式来保持自己的头寸。

（4）进行仓位和止损控制。每日结算制度会带来短期资金压力，投资者要学会抛弃股票市场满仓交易的操作习惯，控制好保证金的比例，防止因保证金不足被强行平仓。不可抱侥幸心理硬扛或在贪婪心理驱使下逆趋势加仓。

（5）严格遵守纪律，不能把套期保值做成投机交易，做好合约到期的风险控制。由于股指期货存在到期日，投资者一方面要把握股指期货合约到期日向现货价格回归的特点，另一方面，要注意合约到期时的交割问题。

（6）股指期货交易的风险和收益是成正比的，期货的风险不可小视。散户在参与股指期货之前，一定要对其进行全面了解。

三、大宗商品交易的信用风险控制

(一)大宗商品交易信用风险的识别

信用风险主要是指交易对手、客户、中介机构、期货公司以及其他与期货公司有业务往来的机构违约造成大宗商品交易投资者发生投资损失的风险。

(二)大宗商品交易信用风险形成的原因

信用风险的形成有两方面的原因。

(1)经济运行的周期性,如经济不景气导致受信人资金链断裂无法偿还债务。

(2)对公司经营有影响的特殊事件的发生,如公司的产品质量出现严重问题。

(三)大宗商品交易信用风险的种类

(1)违约风险。无法清偿债务。

(2)结算风险。结算风险是指在大宗商品交易清算交割过程中一方履约而另一方违约的风险。该风险可能由交易对手违约、流动性约束或交割运营问题引起。

(3)收入风险。投资者对投资收益预期产生误判而导致的风险。

(4)购买力风险。购买力风险是指利率变化导致货币的购买力发生变化所带来的风险。

(四)大宗商品交易信用风险的特点

(1)风险的潜在性。由于信息不对称,许多企业隐瞒了高负债的信息。一旦暴露,影响巨大。

(2)风险的长期性。风险长期存在,且无法完全回避。只能掌握其规律,减小风险,获得更多盈利。

(3)风险的破坏性。风险一旦释放,会给投资者带来较大损失。

(4)控制的艰巨性。风险控制任重道远,要不断完善机制,从制度上严格把关,做到治标又治本。

(五)大宗商品交易信用风险控制的内涵

大宗商品交易信用风险控制是指授信方根据信用识别和评估的结果、自己所承受的信用风险及经济损失的严重程度,针对具体的环节进行调整和改良,从而达到风险管理的最佳效果。

(六)大宗商品交易信用风险控制的特点

大宗商品交易信用风险控制具有以下特点：

(1)量化难。信用风险控制存在难以量化分析和衡量的问题。

(2)存在"信用悖论"现象。这种"信用悖论"是指：一方面，风险控制理论要求银行在管理信用风险时应遵循投资分散化和多样化原则，防止授信集中化；另一方面，实践中的银行信贷业务往往难以很好地贯彻执行投资分散化和多样化原则，许多银行的贷款业务分散程度不高。

(3)计量难。信用风险的计量非常困难。国际市场上由 J. P. 摩根公司等机构所开发的信用风险计量模型，其有效性、可靠性仍有争议。因此，从总体上说，对信用风险仍缺乏有效的计量手段。

(4)定价难。信用衍生产品的发展还处于起步阶段，整个金融系统中纯粹的信用风险交易并不多见，因而市场不能提供全面、可靠的信用风险计算及评估依据。

(七)大宗商品交易信用风险控制的内容

大宗商品交易信用风险控制包括事前控制与事中控制。

(1)事前控制。事前控制也就是事前预防，该阶段应侧重于客户选择。事前控制是大多数企业控制信用风险的首选。

(2)事中控制。事中控制也就是事中监控，该阶段应侧重于科学决策。

本章习题或综合训练项目

1.大宗商品交易的风险有哪些？

2.请理论联系实际，谈谈大宗商品期货交易过程中应如何控制操作风险。

3.请理论联系实际，结合附录中的项目实践，谈谈一个优秀的操盘手应该如何控制大宗商品交易风险。

4.请理论联系实际，谈谈自己关于大宗商品交易风险控制的体会。

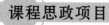

课程思政项目

课程思政项目之八：伦敦镍逼仓事件的风险反思

1. 背景材料

随着新能源车的发展，大宗商品镍已经成为动力电池不可或缺的材料之一，如镍镉电池中就含有镍，能够提高电池的能量密度。2022年初伦敦镍事件，让我们深刻认识到国内外大宗商品市场的高度关联性，更加迫切地意识到要面对来自更高层面的新风险和挑战。一切抗风险的背后，永恒的方法是牢牢把握为实体经济服务的本源，不参与过度投机。

2022年初，由于俄乌冲突影响，占全球精炼镍产量超过20%、镍矿产出近10%的俄镍被禁运。需求持续攀升，但供应端却出了问题，市场自然开始担忧全球镍资源供应不足，进而反映到了伦敦金属交易所镍期货的价格上，短短两日，伦敦金属交易所金属镍价格从不足3万美元/吨，最高飙涨到10万美元/吨。

供需不平，价格飙涨，听起来没什么问题。但这种涨势着实有些离谱了，哪怕是曾经火爆的碳酸锂也难以企及。"事出反常必有妖"，期镍暴涨背后，也有着幕后"黑手"的推动。据《中国基金报》报道，这是外资趁机在伦敦镍上逼仓做空套保的中国民营巨头青山集团。青山集团作为俄罗斯镍矿大客户，为减少价格波动带来的合约风险，在伦敦采取套保交易，开出20万吨镍空单，这是正常操作；然后伦敦停了俄罗斯的交割资格；青山集团拿不出空单对应的交割库存，被有大宗商品外资背景的贸易商嘉能可集团盯上，逼仓开始。据此前媒体分析，如果做空成本在2万美元/吨的话，理论上一旦强制平仓可能最多得亏120亿美元。而外资，就是赌青山集团的枪里，没有子弹（镍现货）。

逼仓，是指在期货交易中，一方利用资金优势或仓单优势，通过持有相当数量的某种合约来控制市场和价格走势，迫使另一方因资金、货物储运、市场供求等诸多交割条件的限制而处于不利地位，导致另一方大幅亏损，最终不得不平仓的交易行为。

"青山镍"事件的"多逼空"，就是常见的逼仓行为，或许已经布局良久。操纵者预期市场上能够交割的现货不足，凭借自己有大量资金的优势在期货市场上做多，持续抬升价格。于是，现货的价格和期货的价格同时上涨，这样合约临近交割时,空头的持仓者要么没有现货,高价平仓出局;要么以高价买入现货,再去交割。但是,空头对于市场是看跌的,也就是说,现价 2 万美元/吨,未来可能降到 1 万美元/吨,但现在却被多头强行把未来价格抬升到了 10 万美元/吨,那么空头方青山集团就不得不面临这 8 万美元/吨的亏损。此前,青山集团开出了 20 万吨的空单,若是被逼仓成功,公司亏损或将超过 100 亿美元。

青山集团主营不锈钢,旗下高冰镍纯度不足,并不符合伦敦交易所的交割规则,这或许也是被外资盯上的原因之一。

但常说,人生有三大错觉,外资也是产生了"我能赢"的错觉。

2022 年 3 月 9 日,青山集团开始了反杀。据《证券日报》报道,青山集团回应称,将用旗下高冰镍置换国内金属镍板,已通过多种渠道调配到充足现货进行交割。如果 20 万吨全部筹集齐,可能会给多方带来极大压力,仓储、运输等就是一大难题。分析机构普遍认为伦敦方面的镍期货市场多空力量逆转,前述恶意逼仓的外资可能面临"搬起石头砸了自己的脚"的尴尬局面。

消息一出,业内开始热议,有人称这是一方有难八方支援,"业内好几家大型国企都参与了这次的置换,先把外敌嘉能可逼退"。

据《中国基金报》消息,青山集团董事局主席项光达也回应称:"嘉能可的确有些动作,多空双方正在积极协调。也接到很多电话,国家有关部门和领导对青山都很支持。"值得一提的是,青山集团是名副其实的世界 500 强企业,位列 2021 世界 500 强第 279 位,2021 中国企业 500 强第 80 位,2021 中国民营企业 500 强第 14 位,实力之强可见一斑。

最终,青山集团与相关银行达成协议,根据协议,银行同意在一段时间内不再追究该公司所欠的数十亿美元债务。作为交换,项光达同意,在镍价跌到 3 万美元/吨以下后,将在一系列位置进行减仓。此后,一直到 2022 年 5 月份,随着全球经济衰退预期的不断增强,镍价跌穿 3 万美元/吨的关键位置后,青山将其空头头寸也从 3 月初的 15 万吨减持至 6 万吨的水平。2022 年 6 月底,项光达已经完全平仓其在摩根大通及其他几家银行开立的头寸,剩余的空头头寸已经不到 2 万吨。至此,这波超级逼空行情才算正式结束。

摩根大通 2022 年 4 月份公布的第一季度财报显示,青山集团与镍相关的业务出现了 1.2 亿美元的亏损。而据媒体估算,青山集团虽然实现了全身而退,但亏损也达到了 10 亿美元左右,好在现货市场可以弥补一部分。但其频繁激进的手法,也令其在未来与国际财团之间的合作不会顺畅。

回顾往昔,中国企业在国储铜事件、中储粮棉花期货事件、株冶集团锌期货事件、中石化原油期货事件中都吃了大亏,这些事件仍然殷鉴不远。在此次伦敦镍事件中,即便是具有相当经验,且并非以投机为目的的头部玩家,也遭遇到极端的风险事件。

2.思政项目任务布置与要求

(1)大宗商品期货交易过于激进的表现,是技术手段还是人性使然?如果没有大宗商品行业相关部门以及相关国有企业的声援支持,青山集团能否走出困局?

(2)从大宗商品交易风险控制的角度,谈一谈如何规避此类事件的发生。

(3)结合案例,谈一谈在自己人生成长过程中增强风险意识有什么意义。

课程思政 指引八

关键词:逼仓事件 风险控制

第 9 章　大宗商品套期保值与套利交易

 本章要点

　　本章主要介绍大宗商品期货交易两种主要方式（套期保值、套利）的理论方法与实战策略。通过学习本章，学生应熟练掌握大宗商品交易套期保值、套利的操作方案，并在实战中灵活运用。

第 1 节　套期保值

一、套期保值的含义

　　套期保值又译作"对冲交易"。它的基本做法就是买进或卖出与现货市场交易数量相当，但交易方向相反的商品期货合约，以期在未来某一时间通过卖出或买进相同的期货合约，对冲平仓，结清期货交易带来的盈利或亏损，以此来补偿或抵消现货市场价格变动所带来的实际价格风险或利益，使交易者的经济收益稳定在一定的水平。

　　简单来说，套期保值就是指在期货市场上买进或卖出与现货市场数量相等、交易方向相反的期货合约，以期在未来某一时间通过卖出或买进期货合约，来补偿现货市场价格变动带来的风险。

二、套期保值的目的

控制市场价格变化带来的交易风险是期货市场的基本经济功能。套期保值是避免价格风险最常用的期货交易手段,能够将产业客户、贸易客户的价格风险有效转移给投机客户。利用期货与现货在交易方向上的反向运动实行套期保值。

例:某年7月份大豆现货价格为每吨2010元,有一个种植大豆的农场对这个价格比较满意,但大豆9月份才能出售,该农场担心到期现货价格下跌减少收益,为了避免损失,决定在大连商品交易所进行大豆套期保值交易,开出与现货等量的空头仓单。

三、套期保值的作用

套期保值对大宗商品厂商具有以下重要作用。

(1)控制原材料采购成本,提高企业利润。供需双方签订购销合同后,生产厂商需要向上游厂商采购原材料,为了避免原材料价格波动导致的风险,可以通过原材料的期货套保买入相应数量的原材料期货合约锁定现货贸易的利润。

(2)转移产成品销售价格波动风险,提高企业利润。大宗商品厂商与上游供应商签订原材料购销合同后,可以通过做空产成品期货来锁定企业利润。

(3)严格控制成本,做好预算计划。

(4)保障产业链上游或下游生产厂商的生产利润,对冲原材料涨价的影响。

(5)保障中间贸易商的贸易利润。

(6)调节产业链各个环节的库存。

四、套期保值的基本特征

套期保值的基本特征包括以下4个方面:

(1)交易方向相反。

(2)商品种类相同。

(3)商品数量相等。

(4)月份相同或相近。

期货市场与现货市场不同,由于期货价格与现货价格的波动变化会有一定差异,因此套期保值交易采用反向交易,但盈亏冲抵也有一定出入,盈亏不可能刚好相等,因此套期保值也会有一些比较小的盈利或亏损。

五、套期保值的基差及流程

(一)基差

(1)基差的定义。

基差是指某一特定商品在某一时间、地点的现货价格和期货价格之间的差距或差额。

$$基差＝现货价格－期货价格$$

如果不做特别说明,期货价格是指距离现货月份最近的期货合约价格。

例如,某年8月16日大连的大豆现货价格为2280元/吨,当天大连商品交易所的9月大豆期货合约价格是2321元/吨,则基差是－41元。

(2)基差的内容。基差是由市场供求关系以及现货与期货两个市场间的物流成本及持有成本的影响而产生的。持有成本即持仓费,主要包括资金成本、保险费用、管理费用等。

(3)影响基差的因素。供求关系是基差产生的关键因素。但基差在一定程度上也会受到持仓费的影响。

例如,影响农产品基差的因素包括:替代商品的价格及市场供求情况;供求之间的区域性差异;物流能力与成本;产品质量;对未来的投资预期。

影响金融工具基差的因素包括:割期;持仓成本变化;政府货币政策变化;交割商品供求状况;参与者投资预期。

(4)基差的表现形式。主要包括正市场(基差为负)、逆市场(基差为正)、零市场(基差为零)3种。

(5)基差与套期保值。包括3个变动方向:基差不变与套期保值、基差变弱与买入套期保值、基差变强与卖出套期保值。

(二)买入套期保值(又称多头套期保值)

例:某年3月26日,豆粕的现货价格为1980元/吨。某饲料企业为了避免将来现货价格上升,从而提高原材料的成本,决定在大连商品交易所进行豆粕套期保值交易。而此时豆粕8月份期货合约的价格为1920元/吨,基差为60元/吨,该企业于是在期货市场上买入10手(1手＝10吨)8月豆粕合约。6月2日,该企业在现货市场上以 2110 元/吨的价格买入豆粕 100 吨,同时在期货市场上以 2040 元/吨的价格卖出 10 手 8 月豆粕合约对冲多头头寸。

从基差的角度看,基差从 3 月 26 日的 60 元/吨扩大到 6 月 2 日的 70 元/吨。

交易情况如下。3 月 26 日,现货市场上豆粕现货价格为 1980 元/吨;在期货市场上买入 10 手 8 月豆粕合约,价格为 1920 元/吨。基差为 60 元/吨。6 月 2 日,在现货市场上买入 100 吨豆粕,价格为 2110 元/吨;在期货市场上卖出 10 手 8 月豆粕合约,价格为 2040 元/吨。基差为 70 元/吨。

套利结果:现货市场亏损 130 元/吨,期货市场盈利 120 元/吨,共计亏损 10 元/吨。

净损失:$100 \times 130 - 100 \times 120 = 1000$ 元。

(三)卖出套期保值(又称空头套期保值)

通过期货市场做空与现货市场价格下跌进行对冲,规避市场价格波动带来的风险。

例:春耕时,某粮食企业与农民签订了当年收割时收购玉米 10000 吨的合同,7 月份,该企业担心到收割时玉米价格会下跌,于是决定将售价锁定在 1080 元/吨,因此在期货市场上以 1080 元/吨的价格卖出 1000 手合约进行套期保值。

到收割时,玉米价格果然下跌到 950 元/吨,该企业以此价格将现货玉米出售给饲料厂。同时期货价格也发生下跌,跌至 950 元/吨,该企业就以此价格买回 1000 手期货合约对冲平仓,该企业在期货市场赚取的 130 元/吨正好用来抵补现货市场上少收取的部分。这样,该企业通过套期保值规避了价格变动带来的不确定性风险。

六、不同交易主体的套期保值动机

(一)生产者套期保值

主要是指大宗商品厂商卖出期货套期保值。例如生产大宗农产品的农民与生产大宗有色金属的工业企业,为了保证自身产成品的合理经济利润不被市场价格波动所侵蚀,通过套期保值来转移风险。

(二)经销商套期保值

主要是指经营者卖期保值。对于经营者来说,其所面临的市场风险是商品收购后尚未转售出去时,商品价格下跌,这将会使其经营利润减少甚至发生亏损。为规避此类市场风险,经营者可采用卖期保值方式来进行价格保险。

(三)加工者套期保值

主要是指产业链下游生产厂商综合套期保值。下游生产厂商既担心原材料价格上涨,又担心成品价格下跌局面的出现。通过对原材料与产成品的套期保值,保障了加工利润,解除了后顾之忧。

七、套期保值应注意的问题

(1)坚持"均等相对"的原则。"均等",就是现货与期货对冲的数量一致或大致相等。"相对",就是交易方向上期货与现货反向运行。

(2)选择价格波动较大的品种进行套期保值。

(3)是否要进行套期保值需要考虑净冒险额与保值费用,只有当保值费用大于净冒险额时才可以有效控制风险。

(4)在科学预测的基础上计算出基差预期变动趋势,再做出套期保值投资计划或策略。

八、套期保值实战运用

以股指期货的保值策略进行分析。

(一)卖出股指期货

如果投资者拥有股票,并预测股市会下跌,即可利用卖出股指期货合约进行套期保值,减少损失。例:某投资机构拥有股票投资组合,价值为 120 万元,此时深证成分指数期货价格为 10000 点,为了避免股市下跌带来损失,该机构卖出一张 3 个月期的深证成分指数期货合约进行套期保值。一段时期后,股市下跌,该投资机构拥有的股票投资组合价值下降到 108 万元,深证成分指数期货价格为 9000 点,投资机构买入一张深证成分指数期货合约进行平仓。

股票市场上损失:12 万元。

期货市场上盈利:10 万元=(10000-9000)点×100 元/点(假设深证成分指数期货合约乘数为 100 元,下同)。

该投资机构的最终实际损失:2 万元。

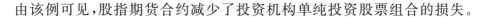

由该例可见,股指期货合约减少了投资机构单纯投资股票组合的损失。

(二)买入股指期货

如果投资者计划在一段时期之后买入股票,但又预测股市会在近期上涨,即可以通过买入股指期货合约锁定股票未来的买入成本。

例:某基金管理公司预计在 2 个月之后其一机构客户将对该基金进行一次申购。如果目前以该资金买入一股票投资组合,该组合的价值为 95 万元,此时深证成分指数期货价格为 10000 点。该基金此时买入一张 2 个月期的深证成分指数期货合约来锁定成本。一段时期后,股市上涨,基金计划买入的股票投资组合价值上升到 106 万元,深证成分指数期货价格为 11500 点,投资者卖出深证成分指数期货合约进行平仓。

股票市场上损失:11 万元(买入成本比 2 个月之前高)。

期货市场上盈利:15 万元=(11500-10000)点×100 元/点。

投资者最终盈利:4 万元。

由例可见,股指期货锁定了投资者一段时期后买入股票的成本。

第 2 节　套利

一、套利的定义

套利通常指在某种实物资产或金融资产(在同一市场或不同市场)拥有两个价格的情况下,以较低的价格买进,较高的价格卖出,从而获取无风险收益。

套利指从纠正市场价格或收益率的异常状况中获利的行动。

二、套利的作用

套利交易在期货市场上起到两方面的作用:风险对冲与价格矫正。一方面为投资者提供了风险对冲机会,另一方面将扭曲的市场价格矫正到正常水平。

三、套利的分类

套利交易分为跨期套利、跨市套利及跨品种套利 3 种形式。根据套利时是否进行反方向交易轧平头寸,又可分为不抵补套利与抵补套利 2 种形式。

(一)不抵补套利

不抵补套利是指谋取资金的利率差额收入,即资金从利率低的货币转向利率高的货币。这种交易不进行反方向交易轧平头寸,因此可能面临高利率货币贬值的风险。

(二)抵补套利

抵补套利是指把资金调往高利率货币国家或地区的同时,在外汇市场上卖出远期高利率货币,即在进行套利的同时做掉期交易,以避免汇率风险。实践交易中大多数套期保值为抵补套利。

(三)跨期套利

跨期套利是对不同交割月份的同一期货品种进行交易。

跨期套利案例如下。

4 月 1 日,原糖 10 月和 12 月的期货价格差价为 10 美元,如表 9-1 所示。

表 9-1　原糖期货跨期套利期货价格变化表(1)

	原糖 10 月期货价格	原糖 12 月期货价格	差价
4 月 1 日	每吨 110 美元	每吨 120 美元	10 美元

某投机者预计,原糖市场为看涨市场,且近期期货价格的上涨幅度仍将会大于远期期货价格的上涨幅度,于是该投机者就在期货市场买进一张近期的 10 月原糖期货合约(10 吨),同时,卖出一张远期的 12 月原糖期货合约(10 吨)。

5 月 1 日,原糖 10 月和 12 月的期货价格差价为 4 美元,如表 9-2 所示。

表 9-2　原糖期货跨期套利期货价格变化表(2)

	原糖 10 月期货价格	原糖 12 月期货价格	差价
5 月 1 日	每吨 126 美元	每吨 130 美元	4 美元

于是,该投机者决定卖出 10 月期货合约,同时,买进 12 月期货合约,进行平仓,最后综合获利 60 美元。

(四)跨市套利

跨市套利则是对不同交易所的同种期货产品进行套利交易。

（五）跨品种套利

跨品种套利是指对两个相互关联的期货产品进行套利交易，即买进（卖出）某一交割月份某一商品的期货合约，而同时卖出（买入）另一种相同交割月份、不同却又相互关联商品的期货合约。

跨期套利、跨市套利及跨品种套利等3种套利方法可以综合使用。

把握大宗商品交易的基差机会

本章习题或综合训练项目

1. 在实战中如何利用基差进行套期保值交易？请根据实际交易期货品种进行分析与回答。

2. 在实战中如何通过套利交易获利？请根据实际交易期货品种进行综合分析与作答。

3. 请理论联系实际，谈一谈商品期货套利交易会遇到哪些风险，实战中应该如何规避。

4. 请在能源化工、农产品、有色金属等产业领域的上市公司中，分别找出一家目前正在进行套期保值的公司，评析其套期保值方案。

课程思政项目

课程思政项目之九：螺纹钢期货与三线建设时期钢铁工业的艰难发展

1. 背景材料

1964年8月，毛泽东根据国际形势的变化和准备打仗的指导思想，提出了集中力量搞内地建设的方针。随后，中共中央和国务院做出在全国建设大小三线的决定。大三线是指全国的后方生产基地，包括大西南和大西北诸省；小三线是指各省、自治区、直辖市自己的后方生产基地。

攀枝花因三线而生。在酝酿三线建设的早期,面对几个有争议的选址方案,毛泽东亲自拍板"钉子就钉在攀枝花",在这里部署建设钢铁基地。这一"钉",打造出了一颗耀眼明珠。

攀枝花钢铁厂是 1965 年建的中央企业。目前已发展成为跨地区、跨行业的现代化钢铁钒钛企业集团,在中国钢铁工业中具有独特地位、独特优势,攀钢所处的攀西地区是中国乃至世界矿产资源最富集的地区之一,蕴藏着钒钛磁铁矿资源近 96 亿吨,其中钒资源储量 1862 万吨、钛资源储量 6.18 亿吨,分别占世界储量的 11.6% 和 35%,占中国储量的 52% 和 95%。攀西地区水能、煤炭及冶金辅料资源丰富,具有建设大型钢铁钒钛企业的优越条件。

要用最少的钱、最快的速度,摸索出一套最有效的办法,来解决攀钢冶炼的技术难题。当时的很多工作同步推进,开矿、修路、建厂等同时进行,就是为了节约时间。

今天的年轻人,在规划职业生涯时,常常面临着去一线城市还是二线城市,抑或是三、四线城市的选择。而在三线建设中,千千万万的年轻人响应国家号召,义无反顾地投身到大西南、大西北腹地的茫茫深山之中。攀枝花的建设经验相当宝贵,它是靠着国家的创业精神建设起来的。

2.思政项目任务布置与要求

(1)请你从职业生涯的角度,谈一谈这种国家创业精神对自己的职业规划会有怎样的积极影响。

(2)攀枝花钢铁是 1965 年建成的,请搜集相关资料,谈一谈在 1965—1975 年、2011—2021 年这两个 10 年时间段里,我国钢铁工业的生产情况以及在世界钢铁行业的地位。面对我国钢铁工业的快速发展情况,谈一谈自己的感悟和体会(要求不少于 1000 字)。

课程思政 指引九

关键词:三线建设 钢铁工业 国家创业精神

参考文献

[1] 陈国嘉. 新手学大宗商品现货交易：入门与实战 468 招[M]. 北京：清华大学出版社,2017.

[2] 陈进,任燕,黄健青,等. 大宗商品交易金融服务[M]. 北京：化学工业出版社,2015.

[3] 沃森道夫. 期货交易从入门到精通[M]. 姜军略,译. 北京：人民邮电出版社,2018.

[4] 李柏洲. 期货与期权教程[M]. 北京：北京大学出版社,2018.

[5] 上海证券交易所. 期权交易策略十讲[M]. 上海：格致出版社,2016.

[6] 陶利. 大宗商品投资从入门到精通[M]. 中国农业大学期货与金融衍生品研究中心培训部,译. 北京：人民邮电出版社,2013.

[7] 叶素文,杨江红,贾川东. 供给侧改革与大宗商品厂商服务模式创新[M]. 杭州：浙江工商大学出版社,2016.

[8] 张亮,梁雷超,等. 期货交易入门与进阶[M]. 北京：电子工业出版社,2017.

[9] 赵远. 中国大宗商品市场年鉴：2015—2016[M]. 北京：中华工商联合出版社,2017.

[10] 中国证券监督管理委员会,中国期货业协会. 中国期货市场年鉴：2017[M]. 北京：中国财政经济出版社,2018.

附录一　浙江舟山大宗商品交易所商品交易[*]管理办法(暂行)

第一章　总则

第一条　为规范浙江舟山大宗商品交易所(以下简称"交易所")商品交易行为,保护交易各方的合法权益,保障交易所的顺利运行,根据国家有关法律、法规、政策和浙江省舟山市人民政府颁布的《中国(舟山)大宗商品交易中心交易市场监督管理暂行办法》(舟政发〔2011〕34号)制定本办法。

第二条　交易所受中国(舟山)大宗商品交易中心管理委员会、国家相关行政主管部门的监督管理。

第三条　交易所遵循"公开、公平、公正"原则,在充分利用和发挥现代信息技术优势的基础上,采用挂牌交易、竞价交易、现货订单交易等方式为大宗商品交易提供交易、结算、交割和信息发布等市场管理和服务。

第四条　交易所、交易商、授权服务中心(会员)、指定结算银行、指定交割仓库、指定检验机构等相关专业类机构及其工作人员必须遵守本办法。

第二章　上市品种和交易时间

第五条　交易所拟上市交易品种为:石油化工、钢铁、有色金属、煤炭能源、农林等商品及交易所推出的其他商品(具体上市品种和时间以交易所官方网站www.zzbce.com公告为准)。

第六条　交易日为每周一至周五(国家法定节假日除外)。每一交易日各上市交易品种交易时间的安排,由交易所官方网站另行公告。

---

*　浙江舟山群岛新区是我国第一个国家级群岛新区,拥有我国唯一一个由国务院批准设立的大宗商品交易管理与监督中心。

第三章　商品现货交易

第七条　交易是指在交易所的主持下,交易商通过计算机交易系统发出买入或卖出指令,按"价格优先、时间优先"原则,由计算机交易系统撮合成交并自动生成商品现货订单的买卖行为。

计算机交易系统是指交易所为交易商提供,进行交易商品的买入或卖出的价格申报,并在成交后生成电子现货订单的电子商务平台。计算机交易系统接受交易商编码和交易密码自动为交易商做出电子签名。

第八条　现货订单交易是指交易商通过交易所计算机交易系统进行交易商品买入或卖出的价格申报,经计算机交易系统撮合成交后自动生成现货订单,持有订单的交易商可自主选择每日交割或转让,或者在订单到期日集中交割的交易方式。交易商订立电子现货订单后,可以选择交易日当天申请交割,也可以在集中交割前自主申请交割,或在集中交割期间完成交割。为充分实现现货订单交易的现货贸易功能,交易所采用延期交割补偿制度来补偿实物交割申请未获得满足的交易商。

现货订单的存续期,由交易所根据不同的上市品种特点,在上市产品格式化订单中具体载明。

第九条　挂牌交易是指交易商通过交易所挂牌报价系统,预先公布要买卖商品的质量、数量、交割时间、交割方式等产品信息,提出商品的买入或卖出的价格申报,要约发起方不可以主动撤销申报,再由符合资质的对手交易商选择是否接受要约成交并签订合约,且合约签订后不可转让的交易模式。交易双方都须在交易所专用资金结算账户存入足额的保证金,由交易所监督双方履约。

第十条　竞价交易是指交易商经交易所审核批准,通过交易所竞价交易系统,预先公布要买卖商品的质量、数量、交割方式、交割日期、底价(或无底价)等产品信息后公开挂牌,由符合资格的对手方通过交易所竞价交易系统自主报价,按"价格优先、时间优先"原则成交的交易模式。竞价买卖过程中,发起方不可主动撤销申报。交易双方都须在交易所专用资金结算账户存入足额的保证金,由交易所监督双方履约。

第十一条　交易报价是指交易商在交易所计算机交易系统中申报的单位交易商品含税价格。

交易保证金是指交易商在交易所专用结算账户中确保订单履行的资金,是已被现货订单占用的保证金。当订单订立后,交易所按订单价值的一定比例收取交易保证金。交易所可调整交易保证金比例。

交割保证金是指交易所为了保证交割业务的顺利履行,向卖方收取的保证金,用于处理因商品质量、数量及发票等问题引发的纠纷。

第十二条 现货订单交易中,交易商通过计算机交易系统报价窗口进行报价。现货订单报价分为买入订立报价、卖出订立报价、买入转让报价和卖出转让报价。挂牌和竞价交易分别按照《浙江舟山大宗商品交易所挂牌交易管理办法(暂行)》和《浙江舟山大宗商品交易所竞价交易管理办法(暂行)》执行。

第十三条 现货订单交易中有关价格、数量信息的名词定义为:

(一)开市价:现货订单在交易日开市前十分钟内经集合竞价产生的成交价格。

(二)收市价:现货订单在交易日收市前最后一笔成交价。

(三)最高价:现货订单在交易日内最高成交价。

(四)最低价:现货订单在交易日内最低成交价。

(五)结算价:指现货订单该交易日成交价格按照成交量计算的加权平均价格。结算价按照最小变价单位取整。该交易日无成交时,延用上一交易日的结算价。结算价是进行当日持仓盈亏结算和制定下一交易日涨跌停板的基准价。

(六)最高买价:当前所有买进订单指令中的最高价格。

(七)最低卖价:当前所有卖出订单指令中的最低价格。

(八)最新价:当前最新的一笔成交价。

(九)涨跌:最新价减上一交易日结算价之差;正为涨,负为跌。

(十)内盘:最高买价对应的买进订单数量的总和。

(十一)外盘:最低卖价对应的卖出订单数量的总和。

(十二)成交量:该交易日累计成交的订单数量。

(十三)订货量:交易商已签订现货订单且尚未交割的数量。

(十四)买入订立:交易商通过交易所计算机交易系统与卖方签订新订单的交易行为。

(十五)卖出订立:交易商通过交易所计算机交易系统与买方签订新订单的交易行为。

(十六)买入转让:卖方将已签订的现货订单的所有权移交给他人并了结义务

的交易行为。

(十七)卖出转让:买方将已签订的现货订单的所有权移交给他人并了结义务的交易行为。

第十四条 开市集合竞价在每一交易日开市前十分钟内进行,其中前九分钟为买、卖价格指令申报时间,后一分钟为集合竞价撮合时间,开市时产生开市价。

集合竞价未产生成交价格,以集合竞价后第一笔成交价为开市价。

第十五条 集合竞价采用最大成交量原则,即以此价格成交能够得到最大成交量。高于集合竞价产生的价格的买入申报全部成交;低于集合竞价产生的价格的卖出申报全部成交;等于集合竞价产生的价格的买入或卖出申报,根据买入申报量和卖出申报量的多少,按少的一方的申报量成交。开盘集合竞价中的未成交申报单自动参与开市后竞价交易。

第十六条 交易商通过其交易商位进行交易,在其交易商位的所有交易行为均视为该交易商的交易行为。交易商必须对其交易商位发出的所有交易指令及交易结果承担法律责任。

第十七条 交易商进行交易应按规定向交易所缴纳交易手续费。

第十八条 现货订单交易程序:

(一)交易所实行保证金制度,交易商在进行交易前应存有足额的交易资金。交易商通过计算机交易系统报价窗口进行订立报价后,应按交易所的有关规定交付保证金,买卖双方交付保证金的具体标准按交易所的有关规定及现货订单的约定执行。

(二)计算机交易系统将买进或卖出指令按照"价格优先、时间优先"原则进行排序匹配,当买进价大于或等于卖出价时,则计算机交易系统自动撮合成交。撮合成交价等于买进价(BP)、卖出价(SP)和前一笔成交价(CP)三者中居中的一个价格。即:

当 $BP \geqslant SP \geqslant CP$ 时,最新成交价$=SP$;

当 $BP \geqslant CP \geqslant SP$ 时,最新成交价$=CP$;

当 $CP \geqslant BP \geqslant SP$ 时,最新成交价$=BP$。

成交价是买卖双方签订、转让或受让现货订单的价格。

(三)交易成交后,计算机交易系统将自动生成附有交易商电子签名、标示交易代码和交易时间的现货订单。交易结果通过计算机交易系统发送至交易商的交易终端。

（四）申报买入、卖出的数量如果未能全部撮合成交，未成交部分仍然存于计算机交易系统中，继续参加当日竞价交易。

（五）计算机交易系统将根据交易结果对交易商的可用资金进行实时计算。当交易商可用资金余额不足时，计算机交易系统不再接受其增加订货量的买卖指令。

（六）未成交指令可以撤销。如未撤销，在该交易日交易结束后则自动失效。

（七）交易商在交易所签订或受让现货订单后，买卖双方默许单方通过计算机交易系统将其在订单中的权利和义务转让给其他交易商。

（八）每个交易日交易结束后，交易商可通过计算机交易系统获取成交记录。交易商应及时核对交易记录，如对交易记录有异议，应在下一交易日开市前通过交易所授权服务中心（会员）以书面方式向交易所提出。

第十九条 现货订单交易实行交易报价涨跌停板制度，即对通过计算机交易系统进行的交易报价设置涨跌限幅。当日涨跌限幅以上一交易日的结算价为基准价，涨跌限幅以外的报价视为无效报价。

在达到涨停或跌停价格时，计算机交易系统将买进或卖出指令按照"代为转让优先、转让优先、时间优先"原则进行排序匹配，但当日新订立的现货订单不适用"转让优先"原则。

根据市场变动情况，交易所有权调整涨跌限幅，控制交易风险。

第二十条 新上市交易品种的上市指导价由交易所确定并提前公布。上市指导价是确定新上市交易品种现货订单第一日交易价格涨跌幅的依据。

对曾经有成交而目前无持仓的现货订单，当其结算价与市场存在较大差距时，交易所可以公布新的指导价。

第二十一条 交易所现货订单交易实行延期交割补偿制度。延期交割补偿是指在每一交易日交割申报时段，提出交割申报但未获得交割配对的买方（卖方）根据净订货向该交易日内所有持有该商品现货订单但未提出交割申报的卖方（买方）收取补偿金。

第二十二条 延期交割补偿金的收付及计算方式按《浙江舟山大宗商品交易所结算细则（暂行）》执行。

第二十三条 交易商进行实物交割时应按规定向交易所缴纳交割手续费。

第二十四条 交易所对商品交易、结算、交割资料的保存期限应当不少于10年。

第四章 商品现货订单

第二十五条 商品现货订单是指交易商依照本办法及交易所的有关规定,通过交易所计算机交易系统进行上市交易品种的现货交易而达成的买卖订单。

第二十六条 现货订单的主要内容包括:订单名称、交易品种、商品代码、交易单位、报价单位、最小变价单位、每日涨跌幅限制、交易时间、申报交割时间、最后交易日、集中交割日期、交割品级、交割地点、最小交割单位(最少交割数量)、最低履约保证金、交易手续费、交割手续费、交割方式、延期交割补偿金费率及附件。

现货订单附件与现货订单具有同等法律效力。

第二十七条 商品代码是指在计算机交易系统中进行交易的交易品种的商品编号,商品代码所代表的内容在现货订单中载明。

第二十八条 最小变价单位是指现货订单的单位价格涨跌变动的最小值。

第二十九条 每日涨跌幅限制(又称"涨跌停板")是指一个交易日内现货订单约定的交易价格不得高于涨幅上限或者低于跌幅下限。高于涨幅上限或低于跌幅下限的报价将被视为无效,即高于涨幅上限或低于跌幅下限的报价指令无法录入计算机交易系统。

第三十条 现货订单的交易单位为"张",现货订单交易必须以"一张"的整数倍进行,不同交易品种每张订单的商品数量在该交易品种的现货订单中载明。

第三十一条 集中交割日期是指所有符合交割条件的订单到期进行实物交割的时段。最后交易日是指现货订单在集中交割日到来前的最后一个交易日。

第三十二条 现货订单以人民币计价,计价单位为元。

第五章 交易商

第三十三条 交易商是指经交易所认可,获得交易所交易资格,并租用交易所交易商位的企业或其他合格投资者。

经交易所审核批准,获得交易商资格的企业或合格投资者方可参与交易。

第三十四条 申请成为交易商,应具备以下条件:

(一)具有一定的资金实力、风险承受能力及良好的商业信誉;

(二)遵守《中国(舟山)大宗商品交易中心交易市场监督管理暂行办法》、本办法和交易所其他相关规定;

(三)交易所规定的其他条件。

第三十五条 申请成为交易商,应填写《开户申请表》,并按要求提供相关文件,经交易所审核批准后,在 10 个工作日内办理完成如下事项:

(一)在交易所指定结算银行开设资金账户;

(二)与交易所及指定结算银行签订三方协议或与指定结算银行签订双方协议;

(三)与交易所签订《浙江舟山大宗商品交易所入市协议》;

(四)按照《浙江舟山大宗商品交易所入市协议》向交易所缴纳相关费用;

(五)交易所规定的其他需办事项。

逾期未能办妥上述事项的,视为自动放弃申请交易商资格。

第三十六条 交易商位是指交易商通过交易所计算机交易系统进行商品交易的专用终端。

第三十七条 为保证现货交易的便捷和安全,交易所对交易商实行交易代码管理,一个交易商位对应一个交易代码。

交易商自行设定并管理其交易商位的交易密码。交易密码经计算机交易系统确认后,作为交易商通过其交易商位计算机终端进入计算机交易系统的钥匙。交易商在交易时间内必须输入与其交易商位相对应的交易代码和交易密码,登录计算机交易系统,方可进行交易。交易系统在交易商发出指令时同时提交电子签名。

第三十八条 交易商享有下列权利:

(一)在交易所进行商品交易;

(二)享有交易所指定银行提供的结算服务;

(三)享有交易所提供的商品交割服务;

(四)享有交易所提供的交易信息和有关服务;

(五)使用交易所提供的有关设施;

(六)对交易所的工作提出意见和建议;

(七)其他依法享有的权利。

第三十九条 交易商应履行下列义务:

(一)遵守国家法律、法规、《中国(舟山)大宗商品交易中心交易市场监督管理暂行办法》、《浙江舟山大宗商品交易所入市协议》、本办法及交易所其他相关规定；

（二）妥善保管交易代码和交易密码，并对其在交易所计算机交易系统使用所产生的法律后果承担全部责任；

（三）按交易所有关规定和《浙江舟山大宗商品交易所入市协议》的约定缴纳各项费用；

（四）接受中国（舟山）大宗商品交易中心管理委员会、交易所的监管；

（五）及时向交易所通报其重大变更事项；

（六）保证其提供材料的真实性、准确性、合法性，并承担相应法律责任；

（七）爱护交易所设施，维护交易所声誉；

（八）其他依法应履行的义务。

第四十条 交易商存在下列情况之一，交易所可以取消其交易商资格：

（一）拒不执行交易所有关规定和违反《浙江舟山大宗商品交易所入市协议》的约定的；

（二）不按交易所有关规定和《浙江舟山大宗商品交易所入市协议》的约定缴纳相关费用；

（三）连续一年以上无交易活动；

（四）违反国家法律、法规、规章或严重违反交易所有关规定的其他情况。

第六章 授权服务中心（会员）

第四十一条 授权服务中心（会员）是指根据舟山市人民政府颁布的《中国（舟山）大宗商品交易中心交易市场监督管理暂行办法》（舟政发〔2011〕34号）和交易所的有关规定，经交易所审核批准，报中国（舟山）大宗商品交易中心管理委员会备案，在交易所授权范围内从事交易所授权业务的企业法人或其他经济组织。

第四十二条 授权服务中心（会员）经交易所授权，为交易商提供交易所所有上市交易品种的市场推广和交易服务，或为交易商提供交易所某一类上市交易品种的市场推广和交易服务。

第四十三条 授权服务中心（会员）可从事的业务范围：

（一）代理交易所进行市场开发、为交易商办理入市手续、提供交易业务培训；

（二）协助交易所对其开发的交易商交易行为进行风险控制；

（三）为交易商提供信息服务（包括但不限于递送结算单、交割通知单及其他

书面/电子版单证、通知等);

(四)交易所书面委托的其他事项。

第四十四条 授权服务中心(会员)按与交易所签订的《合作协议》的约定获取相应报酬。

第四十五条 授权服务中心(会员)在申报、年检时,必须提供其工商及财税资料。授权服务中心(会员)存在下列情况之一,交易所进行公告,并可取消其授权服务中心(会员)资格:

(一)拒不执行交易所有关规定的;

(二)不按交易所有关规定或《合作协议》的约定缴纳相关费用的;

(三)违反国家法律、法规、规章或严重违反交易所有关规定的其他情况。

第七章 结算业务

第四十六条 交易所实行每日无负债结算制度。即每交易日交易结束后,交易所按当日各订单结算价结算所有订货的盈亏等,对交易商应收应付的款项实行净额一次划转。

第四十七条 交易所在各指定结算银行开设一个专用结算账户,用于清算交易商应交付的交易保证金、订货盈亏、货款等相关的交易、交割款项。会员可通过会员服务系统获取相关的结算数据。

第四十八条 交易商须在某一指定结算银行开立一个资金账户。交易所与交易商之间资金划转通过同一结算银行的交易所专用结算账户和交易商资金账户办理。

第四十九条 每个交易日结束后,交易所根据交易结果和交易所有关规定对交易商交易保证金、订货盈亏、货款等相关的交易、交割款项进行结算。如交易商的交易资金余额不足以支付以上款项,交易所向该交易商发出追加保证金通知。

第五十条 当交易商交易资金余额不足时,交易商应在下一个交易日上午9:30前补足需追加的资金数额,否则交易所将对其持有的现货订单进行代为转让,直至补足其所欠款项。

第五十一条 交易所为交易商提供货款结算服务。交割货款的结算实行"一收一付,先收后付"的方法。

现货订单交易在最后交易日前,自主配对成功的以当日结算价为交割结算价;到期集中交割,以该现货订单最后十个交易日的所有成交的加权平均价为交割结算价。

交割商品计价以交割结算价为基础,再加减不同等级、质量、品牌升贴水以及交割地升贴水等。

第五十二条 当日结算完成后,交易商可以通过计算机交易系统获得相关的结算数据。交易商对结算数据有异议,应在下一交易日开市前以书面形式通过交易所授权服务中心(会员)向交易所结算部提出。如交易商在上述规定时间内没有提出异议,则视作交易商已认可结算数据的正确性。

第五十三条 挂牌交易和竞价交易的结算办法分别按照《浙江舟山大宗商品交易所挂牌交易管理办法(暂行)》和《浙江舟山大宗商品交易所竞价交易管理办法(暂行)》执行。

第五十四条 交易商应加强交易资金管理,严格执行交易所的有关规则、规定,及时获取和核对结算数据,并妥善保管结算方面的资料、凭证、账册等以备查询。

第八章 交割业务

第五十五条 交割是买卖双方根据《浙江舟山大宗商品交易所交割细则(暂行)》、上市品种交割细则规定及现货订单的约定,卖方向买方转移交易商品的所有权,买方向卖方支付货款,履行现货订单的过程。

现货订单所载的最后交易日结束,持有的现货订单必须进行集中交割。临近最后交易日,交易所按交割细则规定加收履约保证金。

第五十六条 交易所实行每交易日实物交割申报制度。买卖双方可在每个交易日的交割申报时段进行当日交割申报。交易所根据买卖双方的交割申报,按"时间优先"和当日交割最大化原则实施。

第五十七条 申报交割的交易商必须是经工商行政管理部门登记注册,具备申报交割商品经营资质及与之相关的生产、经营和消费活动的企业法人。

第五十八条 申报交割的买方交易商必须全款到账,申报交割的卖方交易商必须具有相应的《注册仓单》。

申报交割的交易商配对成功不履约或不能履约,将承担相应的违约责任。

第五十九条 卖方在交割申报配对成功后,应按交易所的有关规定交付交割保证金。

第六十条 指定交割仓库在收到交易商的货物后,验收合格后,按有关要求开具《存货凭证》,交易商持有指定交割仓库开具的《存货凭证》,经交易所核准、注册后成为纸质《注册仓单》或生成电子《注册仓单》。

第六十一条　挂牌交易和竞价交易的交割,具体按照《浙江舟山大宗商品交易所挂牌交易管理办法(暂行)》和《浙江舟山大宗商品交易所竞价交易管理办法(暂行)》执行。

第六十二条　指定交割仓库是指由交易所指定,为交易商履行现货订单提供仓储服务及货物交割服务的仓储企业。指定交割仓库分为基准交割仓库和一般交割仓库,基准交割仓库是指交易所为确定交易商品交易报价而指定的交割仓库。

第六十三条　交易商应将交割的货物存放于指定交割仓库,并按规定或约定履行相关义务、缴纳相关费用。

第六十四条　指定交割仓库应按《浙江舟山大宗商品交易所指定交割仓库管理办法(暂行)》为交割提供服务。因设施设备状况或仓库管理不良造成的损失由指定交割仓库承担。

指定交割仓库有下列行为之一的,交易所有权责成其整改或赔偿经济损失,情节严重的,取消其指定交割仓库资格,直至追究法律责任:

(一)出具虚假仓单;

(二)违反交易所业务规则,限制交割商品的入库、出库;

(三)泄露与交易有关的商业秘密;

(四)参与交易;

(五)其他违反交易所有关规定的行为。

第六十五条　交易所按照"时间优先、就近配对、统筹安排"原则将《注册仓单》向参与实物交割的买方交易商进行分配。

第六十六条　在交易所规定的时间内,参与实物交割的卖方交易商提交《注册仓单》并办理完相关手续后,交易所按交割细则分步骤付清其货款;交易所向买方交易商开具《提货单》。

第六十七条　参与实物交割的买方交易商在收到《提货单》后应在交易所规定的时间内完成货物的验收。

第六十八条　交易所指定若干经国家认证的检验机构作为第三方检验机构。交易商对交割货物的质量产生异议,应在指定检验机构中选择检验单位。交易所将指定检验机构出具的检验报告作为认定交易商是否发生交割违约的依据。

第六十九条 指定检验机构须对其出具的检验报告负责。因检验报告失真而造成损失,指定检验机构应承担相应责任。

第七十条 具有下列情况之一的,构成交割违约:

(一)在规定交割期限内,卖方未能如数交付《注册仓单》;

(二)在规定交割期限内,买方未能如数解付货款;

(三)卖方交付的商品不符合规定或订单约定标准;

(四)在规定期限内,卖方未能开具相应商品的增值税专用发票;

(五)交易所认定的其他交割违约情况。

交割违约的处罚按交易所有关规定执行。

第七十一条 交割中买卖双方的数量、质量、权益和风险按交易所交割细则的相关规定划分责任。

第七十二条 升贴水标准按照交易所相关规定及公告信息执行。

升贴水是指替代交割商品因为品质、品牌、交割地等方面的原因相对标准交割商品及基准交割地价格的差异。

第九章 风险控制

第七十三条 现货订单交易实行订货限额制度。订货限额是指交易所规定单个交易商可以持有的,按买入或卖出单方向计算的某一现货订单订货量的最大数额。交易所根据不同交易品种的具体情况,分别确定每个交易商某个现货订单的订货限额。具体按照《浙江舟山大宗商品交易所风险控制办法(暂行)》执行。

第七十四条 现货订单交易实行代为转让制度,交易商订货量超过订货限额的或未按规定及时追加保证金的,以及发生其他违规行为的,交易所对交易商持有的部分或全部现货订单实行代为转让。具体按照《浙江舟山大宗商品交易所风险控制办法(暂行)》执行。

第七十五条 代为转让产生的费用及损失由违规的交易商承担。因市场原因无法实行代为转让而扩大的损失也由违规的交易商承担。

第七十六条 当现货订单的价格出现同方向连续涨跌停板或市场风险明显增大时,交易所可以采取调整涨跌停板幅度、提高交易保证金及按一定原则强制减少订货量等措施控制交易风险。采取风险控制措施后仍然无法释放风险时,交易所在及时报告中国(舟山)大宗商品交易中心管理委员会备案后,宣布市场进入异常情况。

第七十七条 交易商无法履约的,交易所有权采取下列保障措施:

(一)暂停其"订立"交易;

(二)按规定实行代为转让,并用转让后释放的保证金向守约方承担违约责任;

(三)如交易所根据有效司法判决或仲裁裁定代其承担违约责任的,交易所可向违约交易商追偿。

第七十八条 交易所对现货订单交易实行大户报告制度。当交易商某一交易品种现货订单的订货数量达到交易所规定的订货限额 80%以上(含本数)时,则达到交易所大户报告界限。交易商应主动于下一交易日结束前依交易所的规定向交易所报告。交易所可根据市场风险状况,调整订货报告标准。报告材料包括:

(一)填写完整的《交易商(大户)报告表》,内容包括交易商名称、交易商编号、现货订单代码、现有订货数量方向、履约保证金、可用资金;

(二)资金来源说明;

(三)交易所要求提供的其他材料。

第七十九条 交易所实行风险警示制度。当交易所认为必要时,可以分别采取或同时采取要求交易商报告情况、谈话提醒、书面警示、公开谴责、发布风险警示公告等措施中的一种或多种,以警示和控制风险。

第十章 异常情况处理

第八十条 在交易过程中,如果出现以下情形之一,交易所在报告中国(舟山)大宗商品交易中心管理委员会备案后,可以宣布市场交易进入异常情况,采取紧急措施化解风险:

(一)地震、水灾、火灾、战争、罢工等不可抗力或计算机系统故障、网络故障等不可归责于交易所的原因导致交易无法正常进行;

(二)交易商出现结算、交割危机;

(三)当出现本办法第七十六条情况并采取相应措施后仍未化解风险;

(四)交易所规定的其他情况。

出现前款第(一)项异常情况时,交易所可以采取调整开市收市时间、暂停交易等紧急措施;出现前款第(二)、(三)、(四)项异常情况时,交易所可以采取调整开市收市时间、暂停交易、调整涨跌停板幅度、调整履约保证金比例、暂停新订立、限期转让、代为转让、限制出金等紧急措施。

第八十一条 交易所宣布进入异常情况并决定暂停交易时,一般暂停交易的期限不超过 3 个交易日。

第八十二条 交易所宣布市场交易进入异常情况并决定采取紧急措施前应予以公告。交易所在市场异常情况下采取相应紧急措施造成的损失,交易所不承担责任。

第十一章　信息发布

第八十三条 交易所通过计算机交易系统、交易所官方网站和其他网站发布交易所的有关文件和数据资料,向交易商提供交易行情及相关的行业综合信息。

交易所发布的信息包括:商品名称、集中交割日期、开盘价、最新价、涨跌、收盘价、结算价、最高价、最低价、成交量、持仓量及其持仓变化、各指定交割仓库经交易所核准可供交割的库容量、注册仓单数量及其增减量等其他需要公布的信息。

信息发布应根据不同内容按实时、每日、每周、每月、每季度、每半年、每年定期发布。

第八十四条 交易所、交易商、授权服务中心(会员)、指定结算银行、指定交割仓库、指定检验机构不得泄露在从事同交易所有关业务中获取的商业信息,不得发布虚假的或带有误导性质的信息。

第八十五条 交易所产生的交易信息归交易所所有,未公开的交易信息属于交易所的商业秘密。未经许可,任何机构和个人不得擅自使用、披露、泄露和传播。

第八十六条 为交易所计算机交易系统和专业网站提供软硬件服务的专业机构必须遵守与交易所签订的有关协议,保证交易设施的安全运行和交易信息发布的及时性、准确性。

第十二章　监督管理

第八十七条 交易所依据本办法及相关规则、规定,对在交易所内从事的交易活动进行监督管理。

第八十八条 交易所进行监督管理的主要职责:

(一)监督、检查有关政策、法规及交易所有关规则、规定的执行和落实情况,

确保交易所依法规范有序运行;

(二)监督、检查交易商财务资信状况以及交易运行情况,按照"公开、公平、公正"原则,保护市场参与各方的利益;

(三)监督、检查授权服务中心(会员)的市场推广、交易服务和内部管理情况,确保授权服务中心(会员)的授权服务行为合法、合规;

(四)监督、检查指定交割仓库仓储服务、货物交割以及相关业务的运行情况,确保交割环节顺利实施;

(五)调解、处理有关商品交易纠纷,对各种违规行为进行调查处理;

(六)协助司法机关、行政执法机关依法执行公务。

第八十九条　交易所履行监督管理职责时,可以自行或委托专业人员调查、取证,相关各方应全力配合。

第十三章　违约与处理

第九十条　交易商应对其在交易所进行的交易活动及其结果承担法律责任。

第九十一条　下列行为属于违约行为,须由违约方承担违约责任。

(一)买方未按现货订单约定,及时、足额支付履约保证金及其他相关款项;

(二)卖方未按现货订单约定,及时提交足额数量的《注册仓单》;

(三)卖方未按现货订单约定,及时、足额支付履约保证金及其他相关款项;

(四)卖方交付的货物质量不符合现货订单约定标准;

(五)卖方未开具增值税专用发票;

(六)法律法规或交易所认定的其他违约行为。

第九十二条　出现上述情况时,违约方除按现货订单及相关规定承担违约责任外,交易所有权对违约方采取处罚措施。

第九十三条　下列行为是交易所禁止的行为:

(一)妨碍交易所工作人员履行职责;

(二)拖欠有关费用及款项;

(三)诋毁交易所声誉,损坏交易所财产;

(四)恶意操纵市场,扰乱交易秩序;

(五)其他违反本办法及交易所相关规定的行为。

第九十四条　对违反本办法及交易所相关规定的交易商,交易所视情节轻重给予警告、限制交易权限、暂停交易、取消交易商资格等处罚。构成犯罪的,移交司法机构追究法律责任。

第九十五条 交易商不服交易所的处理决定的,可在接到处理决定后十个工作日内以书面形式向中国(舟山)大宗商品交易中心管理委员会提出复议申请并提供相关证据;复议期间,不停止交易所处理决定的实施。

<h3 style="text-align:center">第十四章 争议处理</h3>

第九十六条 会员、交易商、指定交割仓库和指定结算银行之间发生的有关业务纠纷,可自行协商解决,也可提请交易所调解。

第九十七条 提请交易所调解的当事人,应提出书面调解申请。交易所的调解意见,经当事人确认,在调解意见书上签章后生效。

第九十八条 争议各方经协商或交易所调解,达成调解协议的,由交易所监督协议各方履行;若在争议发生后 30 日内,争议各方协商不成或交易所调解无效的,各方同意将争议提交舟山仲裁委员会进行仲裁或向交易所所在地人民法院提出诉讼。

<h3 style="text-align:center">第十五章 附则</h3>

第九十九条 交易所可根据本办法制定实施细则。

第一百条 本办法的解释权属于浙江舟山大宗商品交易所有限公司。

第一百零一条 本交易办法的制定和修改须报中国(舟山)大宗商品交易中心管理委员会批准。

第一百零二条 本办法自发布之日起实施。

附录二　大连商品交易所风险管理办法

第一章　总则

第一条　为了加强期货交易风险管理,维护期货交易各方的合法权益,保证大连商品交易所(以下简称交易所)期货交易正常的进行,根据《大连商品交易所交易规则》,制定本办法。

第二条　交易所风险管理实行保证金制度、涨跌停板制度、限仓制度、交易限额制度、大户报告制度、强行平仓制度和风险警示制度。

第三条　交易所、会员、境外特殊参与者、境外中介机构和客户必须遵守本办法。境外特殊经纪参与者和境外中介机构应当辅助其委托交易结算的期货公司会员做好境外客户的强行平仓、大户报告、风险提示等工作。期货公司会员应当将涉及境外特殊经纪参与者的客户和境外中介机构的客户的"强行平仓通知书"、强行平仓结果、风险提示函等及时通知境外特殊经纪参与者和境外中介机构。

第二章　保证金制度

第四条　交易所实行保证金制度。各品种期货合约的最低交易保证金为合约价值的 5%。

当日开仓交易保证金按照前一交易日结算价收取相应标准的交易保证金;结算时,按照当日结算价收取相应标准的交易保证金。新上市期货合约挂牌当日的挂牌基准价视为该合约前一交易日的结算价。

合约在某一交易时间段的交易保证金标准自该交易时间段起始日前一交易日结算时起执行。

交易所可以根据市场情况调整各合约交易保证金标准。

第五条　除线型低密度聚乙烯、聚氯乙烯、聚丙烯以外品种期货合约,自进入交割月份前一个月第十五个交易日起,交易所将分时间段逐步提高该合约的交易保证金标准。

交易保证金标准为：

交易时间段	交易保证金标准
交割月份前一个月第十五个交易日	10%
交割月份第一个交易日起	20%

线型低密度聚乙烯、聚氯乙烯、聚丙烯品种期货合约进入交割月份第一个交易日起，交易保证金标准为20%。

第六条 交易所可根据合约持仓量的增加提高交易保证金标准，并向市场公布。

第七条 当某期货合约出现涨跌停板的情况，则该期货合约的交易保证金按本办法第三章的有关规定执行。

第八条 当某期货合约连续三个交易日按结算价计算的涨（跌）幅之和达到合约正常执行的涨跌幅的2倍，连续四个交易日按结算价计算的涨（跌）幅之和达到合约正常执行的涨跌幅的2.5倍，连续五个交易日按结算价计算的涨（跌）幅之和达到合约正常执行的涨跌幅的3倍时，交易所有权根据市场情况，采取单边或双边、同比例或不同比例、部分或全部会员、部分或全部境外特殊参与者提高交易保证金的措施。提高交易保证金的幅度不高于合约正常执行交易保证金的1倍。

交易所采取上述措施须事先报告中国证监会。

第九条 如遇法定节假日休市时间较长，交易所可以根据市场情况在休市前调整合约交易保证金标准和涨跌停板幅度。

第十条 交易所可以对全部或者部分品种、合约另行规定套期保值交易的保证金标准，并向市场公布。

第十一条 交易所可以制定组合持仓的交易保证金标准。组合持仓是指按照交易所规定方式建立的符合条件的持仓组合。交易期间，非期货公司会员、境外特殊非经纪参与者和客户可以通过交易所提供的套利交易指令下单和向交易所申请对符合条件的持仓进行组合确认两种方式建立组合持仓；结算时，交易所可以将符合条件的持仓按照一定规则自动组合成组合持仓。

适用于组合持仓的品种、合约、组合类型、组合方式、组合优先级、交易保证金标准等，由交易所另行公布。交易所可以根据市场情况进行调整。

第十二条　交易期间建立的组合持仓,按前一个交易日结算时的组合持仓交易保证金标准收取保证金,保证金不足的按照《大连商品交易所结算管理办法》等规则规定执行。

结算时,交易所对组合持仓按照当日公布的组合持仓交易保证金标准收取保证金。

第十三条　同一交易编码持仓平仓,交易所在计算保证金时,视为先平非组合持仓后平组合持仓,组合持仓内部按照组合优先级从低到高顺序进行平仓。

第十四条　对同时满足本办法有关调整交易保证金规定的合约,其交易保证金按照规定交易保证金数值中的较大值收取。

第三章　涨跌停板制度

第十五条　交易所实行价格涨跌停板制度,由交易所制定各期货合约的每日最大价格波动幅度。交易所可以根据市场情况调整各合约涨跌停板幅度。

对同时满足本办法有关调整涨跌停板幅度规定的合约,其涨跌停板幅度按照规定涨跌停板幅度数值中的较大值确定。

第十六条　各品种期货合约交割月份以前的月份涨跌停板幅度为上一交易日结算价的 4%,交割月份的涨跌停板幅度为上一交易日结算价的 6%。

期货合约自挂牌当日至有成交首日的涨跌停板幅度为合约正常执行的涨跌停板幅度的两倍,在有成交首日,未出现涨(跌)停板单边无连续报价的,下一交易日恢复到合约正常执行的涨跌停板幅度;出现涨(跌)停板单边无连续报价的,按照本办法第十九条规定执行。合约正常执行的涨跌停板幅度由交易所另行公布。

第十七条　当某期货合约以涨跌停板价格申报时,成交撮合原则实行平仓优先和时间优先的原则。

第十八条　涨(跌)停板单边无连续报价(以下简称单边市)是指某一期货合约在某一交易日收市前 5 分钟内出现只有停板价位的买入(卖出)申报、没有停板价位的卖出(买入)申报,或者一有卖出(买入)申报就成交,但未打开停板价位的情况。

第十九条　自交易所上市的商品期货合约有成交首日起,在某一交易日(该交易日记为 D1 交易日,之后连续三个交易日分别记为 D2、D3、D4 交易日,D1 交易日前一交易日为 D0 交易日)出现单边市,若 D1 交易日是期货合约有成交首日,则该合约 D2 交易日涨跌停板幅度在合约正常执行的涨跌停板幅度的基础上增加 3 个百分点;若 D1 交易日不是期货合约有成交首日,则该合约 D2 交易日涨跌停板幅度在 D1 交易日涨跌停板幅度的基础上增加 3 个百分点。D1 交易日结算时,该合约交易保证金标准为在 D2 交易日涨跌停板幅度的基础上增加 2 个百分点。若该合约调整后的交易保证金标准低于 D0 交易日结算时的交易保证金标准,则按 D0 交易日结算时该合约交易保证金标准收取;若 D1 交易日为该合约上市挂牌当日,则该合约 D1 交易日交易期间的交易保证金标准视为该合约 D0 交易日结算时的交易保证金标准。

若 D2 交易日出现与 D1 交易日同方向单边市,则该合约 D3 交易日涨跌停板幅度在 D2 交易日涨跌停板幅度的基础上增加 2 个百分点。D2 交易日结算时,该合约交易保证金标准为在 D3 交易日涨跌停板幅度的基础上增加 2 个百分点。若该合约调整后的交易保证金标准低于 D1 交易日结算时的交易保证金标准,则按 D1 交易日结算时该合约的交易保证金标准收取。

若 D3 及以后交易日出现与 D2 交易日同方向单边市,则从 D4 交易日开始,涨跌停板幅度和交易保证金标准与 D3 交易日一致,直至合约不再出现同方向单边市。

第二十条 当 D2 及以后交易日出现与前一交易日反方向单边市,则该交易日视为 D1 交易日。

第二十一条 当 D2 及以后交易日未出现单边市,则该交易日结算时交易保证金恢复到正常水平,下一交易日的涨跌停板幅度恢复到正常水平。

第二十二条 当某期货合约在 D3 交易日出现与 D2 交易日同方向单边市时,若 D3 交易日是该期货合约的最后交易日,则该合约直接进入交割;若 D4 交易日是该期货合约的最后交易日,则 D4 交易日该合约按 D3 交易日的涨跌停板幅度和保证金标准继续交易。除上述两种情况之外,交易所可根据市场情况决定并公告,对该合约实施下列措施中的任意一种:

措施一:D4 交易日继续交易,交易所可以采取单边或双边、同比例或不同比例、部分或全部会员、部分或全部境外特殊参与者提高交易保证金,调整涨跌停板幅度,暂停部分或全部会员、部分或全部境外特殊参与者开新仓,限制出金,限期平仓,强行平仓及其他风险控制措施。

措施二:D4 交易日暂停交易一天,交易所可以在 D5 交易日采取单边或双边、同比例或不同比例、部分或全部会员、部分或全部境外特殊参与者提高交易保证金,调整涨跌停板幅度,暂停部分或全部会员、部分或全部境外特殊参与者开新仓,限制出金,限期平仓,强行平仓及其他风险控制措施。

措施三:D4 交易日暂停交易一天,交易所在 D4 交易日收市后强制减仓。

措施四:D3 交易日收市后强制减仓。

第二十三条 交易所采取强制减仓措施时应当明确强制减仓基准日和采取强制减仓的相关合约。强制减仓基准日为最近一次出现单边市的交易日。强制减仓是指交易所将强制减仓基准日以涨跌停板价申报的未成交平仓报单,以该日涨跌停板价与该合约净持仓盈利客户(或非期货公司会员及境外特殊非经纪参与者,下同)按持仓比例自动撮合成交。同一客户持有双向头寸,则其净持仓部分的平仓报单参与强制减仓计算,其余平仓报单与其对锁持仓自动对冲。具体强制减仓方法如下:

(一)申报平仓数量的确定:

在强制减仓基准日收市后,已在计算机系统中以涨跌停板价申报无法成交的,且客户合约的单位净持仓亏损大于或等于强制减仓基准日结算价的 5% 的所有持仓。

若客户不愿按上述方法平仓可在收市前撤单,不作为申报的平仓报单。

(二)客户单位净持仓盈亏的确定:

$$客户该合约单位净持仓盈亏 = \frac{客户该合约持仓盈亏总和}{客户该合约净持仓量 \times 交易单位}$$

客户该合约持仓盈亏总和,是指客户该合约的全部持仓按其实际成交价与强制减仓基准日结算价之差计算的盈亏总和。

(三)净持仓盈利客户平仓范围的确定:

根据上述方法计算的客户单位净持仓盈利大于零的客户的所有投机持仓以及客户单位净持仓盈利大于或等于强制减仓基准日结算价的 7% 的保值持仓都列入平仓范围。

(四)平仓数量的分配原则及方法:

1.平仓数量的分配原则

(1)在平仓范围内按盈利的大小和投机与保值的不同分成四级,逐级进行分配。

首先分配给属平仓范围内单位净持仓盈利大于或等于强制减仓基准日结算价的 6% 以上的投机持仓(以下简称盈利 6% 以上的投机持仓);

其次分配给单位净持仓盈利大于或等于强制减仓基准日结算价的 3% 以上而小于 6% 的投机持仓(以下简称盈利 3% 以上的投机持仓);

再次分配给单位净持仓盈利小于强制减仓基准日结算价的 3% 而大于零的投机持仓(以下简称盈利大于零的投机持仓);

最后分配给单位净持仓盈利大于或等于强制减仓基准日结算价的 7% 的保值持仓(以下简称盈利 7% 保值持仓)。

(2)以上各级分配比例均按申报平仓数量(剩余申报平仓数量)与各级可平仓的盈利持仓数量之比进行分配。

2. 平仓数量的分配方法及步骤:

若单位净持仓盈利 6% 以上的投机持仓数量大于或等于申报平仓数量,则根据申报平仓数量与单位净持仓盈利 6% 以上的投机持仓数量的比例,将申报平仓数量向单位净持仓盈利 6% 以上的投机持仓分配实际平仓数量;

若单位净持仓盈利 6% 以上的投机持仓数量小于申报平仓数量,则根据单位净持仓盈利 6% 以上的投机持仓数量与申报平仓数量的比例,将单位净持仓盈利 6% 以上的投机持仓数量向申报平仓客户分配实际平仓数量。再把剩余的申报平仓数量按上述的分配方法向单位净持仓盈利 3% 以上的投机持仓分配;若还有剩余,则再向单位净持仓盈利大于零的投机持仓分配;若还有剩余,则再向单位净持仓盈利 7% 的保值持仓分配。若还有剩余则不再分配。

分配平仓数量以"手"为单位,不足一手的按如下方法计算:首先对每个交易编码所分配到的平仓数量的整数部分进行分配,然后按小数部分由大到小的顺序"进位取整"进行分配。

(五)强制减仓的执行

强制减仓于收市后由交易系统按强制减仓原则自动执行,强制减仓结果作为会员的交易结果。

(六)强制减仓的价格

强制减仓的价格为该合约强制减仓基准日的涨(跌)停板价。

(七)由上述减仓造成的经济损失由会员、境外特殊参与者、境外中介机构及客户承担。

第二十四条　该合约在采取上述措施后若风险仍未释放,则交易所宣布为异常情况,并按有关规定采取风险控制措施。

第四章　限仓制度

第二十五条　交易所实行限仓制度。限仓是指交易所规定会员、境外特殊参与者或客户可以持有的,按单边计算的某一合约投机头寸的最大数额。具有实际控制关系的客户和非期货公司会员、境外特殊非经纪参与者的持仓合并计算。

第二十六条　限仓实行以下基本制度:

(一)根据不同期货品种的具体情况,分别确定每一品种每一月份期货合约的限仓数额;

(二)某一月份期货合约在其交易过程中的不同阶段,分别适用不同的限仓数额,进入交割月份的期货合约限仓数额从严控制;

(三)套期保值、套利持仓根据《大连商品交易所套期保值管理办法》、《大连商品交易所套利交易管理办法》等有关规定进行管理;

(四)做市商持仓根据《大连商品交易所做市商管理办法》等有关规定进行管理。

第二十七条　同一客户在不同期货公司会员处开有多个交易编码,各交易编码上所有持仓头寸的合计数,不得超出一个客户的限仓数额。

第二十八条　非期货公司会员、境外特殊非经纪参与者和客户采取如下限仓要求:

铁矿石、鸡蛋、生猪以外品种期货合约上市交易的一般月份(合约上市至交割月份前一个月第十四个交易日)期间,当该合约的单边持仓量大于一定数量时,非期货公司会员、境外特殊非经纪参与者和客户按单边持仓量的一定比例确定限仓数额;在该合约的单边持仓量小于等于该数量时,非期货公司会员、境外特殊非经纪参与者和客户该合约限仓数额以绝对量方式规定。在期货合约进入交割月份前一个月第十五个交易日至交割月期间,非期货公司会员、境外特殊非经纪参与者和客户限仓数额以绝对量方式规定。铁矿石、鸡蛋、生猪品种非期货公司会员、境外特殊非经纪参与者和客户的限仓数额以绝对量方式规定。

合约在某一交易时间段的限仓数额自该交易时间段起始日前一交易日结算时起执行。依据合约单边持仓量确定某日某合约的限仓数额时,该单边持仓量取

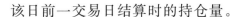

该日前一交易日结算时的持仓量。

第二十九条 各品种期货合约持仓限额如下：

（一）除铁矿石、鸡蛋、生猪以外的品种

1．除铁矿石、鸡蛋、生猪品种外，各品种期货合约一般月份（合约上市至交割月份前一个月第十四个交易日）非期货公司会员、境外特殊非经纪参与者和客户持仓限额见下表：（单位：手）

品种	合约单边持仓规模	非期货公司会员/境外特殊非经纪参与者	客户
黄大豆1号	单边持仓量≤150,000	30,000	15,000
	单边持仓量＞150,000	单边持仓量×20％	单边持仓量×10％
黄大豆2号	单边持仓量≤200000	20,000	20,000
	单边持仓量＞200,000	单边持仓量×10％	单边持仓量×10％
豆粕	单边持仓量≤400,000	80,000	40,000
	单边持仓量＞400,000	单边持仓量×20％	单边持仓量×10％
玉米	单边持仓量≤400,000	40,000	20,000
	单边持仓量＞400000	单边持仓量×10％	单边持仓量×5％
豆油	单边持仓量≤200000	40,000	20,000
	单边持仓量＞200,000	单边持仓量×20％	单边持仓量×10％
棕榈油	单边持仓量≤100,000	20,000	10,000
	单边持仓量＞100,000	单边持仓量×20％	单边持仓量×10％
线型低密度聚乙烯	单边持仓量≤100,000	20,000	10000
	单边持仓量＞100,000	单边持仓量×20％	单边持仓量×10％
聚氯乙烯	单边持仓量≤200,000	40,000	20,000
	单边持仓量＞200,000	单边持仓量×20％	单边持仓量×10％
焦炭	单边持仓量≤50,000	5,000	5,000
	单边持仓量＞50,000	单边持仓量×10％	单边持仓量×10％
焦煤	单边持仓量≤80,000	8,000	8,000
	单边持仓量＞80,000	单边持仓量×10％	单边持仓量×10％
纤维板	单边持仓量≤300,000	30,000	30,000
	单边持仓量＞300,000	单边持仓量×10％	单边持仓量×10％
胶合板	单边持仓量≤60,000	6,000	6,000
	单边持仓量＞60,000	单边持仓量×10％	单边持仓量×10％
聚丙烯	单边持仓量≤200,000	20,000	20,000
	单边持仓量＞200,000	单边持仓量×10％	单边持仓量×10％
玉米淀粉	单边持仓量≤150,000	15,000	15,000
	单边持仓量＞150,000	单边持仓量×10％	单边持仓量×10％
乙二醇	单边持仓量≤80,000	8,000	8,000
	单边持仓量＞80000	单边持仓量×10％	单边持仓量×10％
粳米	单边持仓量≤200,000	20,000	20,000
	单边持仓量＞200,000	单边持仓量×10％	单边持仓量×10％

续　表

品种	合约单边持仓规模	非期货公司会员/境外特殊非经纪参与者	客户
苯乙烯	单边持仓量≤120,000	12,000	12,000
	单边持仓量>120,000	单边持仓量×10%	单边持仓量×10%
液化石油气	单边持仓量≤80,000	8,000	8,000
	单边持仓量>80,000	单边持仓量×10%	单边持仓量×10%

　　2.除铁矿石、鸡蛋、生猪品种外,各品种期货合约自交割月份前一个月第十五个交易日至交割月期间非期货公司会员、境外特殊非经纪参与者和客户持仓限额见下表,交割月份个人客户持仓限额为0:(单位:手)

品种	时间段	非期货公司会员/境外特殊非经纪参与者	客户
黄大豆1号	交割月前一个月第十五个交易日起	5,000	2,500
	交割月份	2,000	1,000
黄大豆2号	交割月前一个月第十五个交易日起	4,500	4,500
	交割月份	1,500	1,500
豆粕	交割月前一个月第十五个交易日起	15,000	7,500
	交割月份	5,000	2,500
豆油	交割月前一个月第十五个交易日起	6,000	3,000
	交割月份	2,000	1,000
棕榈油	交割月前一个月第十五个交易日起	3,000	1,500
	交割月份	1,000	500
玉米	交割月前一个月第十五个交易日起	30,000	15,000
	交割月份	10,000	5,000
线型低密度聚乙烯	交割月前一个月第十五个交易日起	6,000	3,000
	交割月份	2,000	1,000
聚氯乙烯	交割月前一个月第十五个交易日起	10,000	5,000
	交割月份	5,000	2,500
焦炭	交割月前一个月第十五个交易日起	300	300
	交割月份	100	100
焦煤	交割月前一个月第十五个交易日起	500	500
	交割月份	200	200
纤维板	交割月前一个月第十五个交易日起	800	800
	交割月份	200	200
胶合板	交割月前一个月第十五个交易日起	80	80
	交割月份	20	20
聚丙烯	交割月前一个月第十五个交易日起	5,000	5,000
	交割月份	2,500	2,500
玉米淀粉	交割月前一个月第十五个交易日起	4,500	4,500
	交割月份	1,500	1,500

续 表

品种	时间段	非期货公司会员/ 境外特殊非经纪参与者	客户
乙二醇	交割月前一个月第十五个交易日起	3,000	3,000
	交割月份	1,000	1,000
粳米	交割月前一个月第十五个交易日起	2,000	2,000
	交割月份	1,000	1,000
苯乙烯	交割月前一个月第十五个交易日起	2,000	2,000
	交割月份	1,000	1,000
液化石油气	交割月前一个月第十五个交易日起	1,000	1,000
	交割月份	500	500

（二）铁矿石、鸡蛋、生猪品种

铁矿石、鸡蛋、生猪期货合约非期货公司会员、境外特殊非经纪参与者和客户持仓限额见下表，交割月份个人客户持仓限额为 0：（单位：手）

品种	合约月份	交易时间段	境外特殊非经纪参与者	客户
铁矿石	所有月份合约	合约上市起	15,000	15,000
		交割月前一个月第一个交易日起	10,000	10,000
		交割月前一个月第十个交易日起	6,000	6,000
		交割月份	2,000	2,000
鸡蛋	所有月份合约	合约上市起	1,200	1,200
		交割月前一个月第一个交易日起	400	400
		交割月前一个月第十个交易日起	120	120
		交割月份	20	20
鸡蛋	非 7 月合约	合约上市起	500	500
		交割月前一个月第一个交易日起	125	125
		交割月前一个月第十个交易日起	30	30
		交割月份	10	10
	7 月合约	合约上市起	200	200
		交割月前一个月第一个交易日起	50	50
		交割月前一个月第十个交易日起	10	10
		交割月份	5	5

第三十条 非期货公司会员、境外特殊非经纪参与者或客户的持仓数量不得超过交易所规定的持仓限额，超过持仓限额的，不得同方向开仓交易。对超过持仓限额的非期货公司会员、境外特殊非经纪参与者或客户，交易所将于下一交易

日按有关规定执行强行平仓。

一个客户在不同期货公司会员、境外特殊经纪参与者处开有多个交易编码，其持仓量合计超出限仓数额的，由交易所指定有关期货公司会员或境外特殊经纪参与者对该客户超额持仓执行强行平仓。

对超过持仓限额的非期货公司会员、境外特殊非经纪参与者或者客户，交易所还可以采取电话提示、要求报告情况、要求提交书面承诺、列入重点监管名单、限制开仓等措施。

第五章 交易限额制度

第三十一条 交易所实行交易限额制度。交易限额是指交易所规定会员、境外特殊参与者或者客户对某一合约在某一期限内开仓的最大数量。交易所可以根据市场情况，对不同上市品种、合约，对部分或者全部的会员、境外特殊参与者、客户，制定交易限额，具体标准由交易所另行公布。

除交易所另有规定外，套期保值交易和做市交易的开仓数量不受本条前款限制。

第三十二条 非期货公司会员、境外特殊非经纪参与者或者客户的开仓数量不得超过交易所规定的交易限额。对超过交易限额的非期货公司会员、境外特殊非经纪参与者或者客户，交易所可以采取电话提示、要求报告情况、要求提交书面承诺、列入重点监管名单、暂停开仓交易等措施。

第六章 大户报告制度

第三十三条 交易所实行大户报告制度。当非期货公司会员、境外特殊非经纪参与者或客户某品种持仓合约的投机头寸达到交易所对其规定的投机头寸持仓限量80％以上（含本数）时，非期货公司会员、境外特殊非经纪参与者或客户应向交易所报告其资金情况、头寸情况。委托期货公司会员从事期货交易的客户须通过期货公司会员报告；委托境外特殊经纪参与者从事期货交易的客户，须通过境外特殊经纪参与者报告；委托境外中介机构从事期货交易的客户，应当委托其境外中介机构报告，境外中介机构再委托期货公司会员或者境外特殊经纪参与者报告；非期货公司会员及境外特殊非经纪参与者向交易所报告。

非期货公司会员、境外特殊非经纪参与者和客户应当保证所提供的大户持仓报告和其他材料的真实性、准确性和完整性。

交易所可根据市场风险状况，调整改变持仓报告水平。

第三十四条　非期货公司会员、境外特殊非经纪参与者或客户的持仓达到交易所报告界限的,非期货公司会员、境外特殊非经纪参与者或客户应主动于下一交易日 15:00 时前向交易所报告。如需再次报告或补充报告,交易所将通知有关会员。

第三十五条　达到交易所报告界限的非期货公司会员或境外特殊非经纪参与者应向交易所提供下列材料:

(一)填写完整的大户报告表,内容包括会员名称、会员号、境外特殊非经纪参与者名称、境外特参号、合约代码、现有持仓、持仓性质、持仓保证金、可动用资金、持仓意向、预报交割数量、申请交割数量;

(二)资金来源说明;

(三)交易所要求提供的其他材料。

第三十六条　达到交易所报告界限的客户应提供下列材料:

(一)填写完整的大户报告表,内容包括会员名称、会员号、境外特殊经纪参与者名称、境外特参号、客户名称和编码、合约代码、现有持仓、持仓性质、持仓保证金、可动用资金、持仓意向、预报交割数量、申请交割数量等;

(二)资金来源说明;

(三)开户材料及当日结算单据;

(四)交易所要求提供的其他材料。

第三十七条　期货公司会员、境外特殊经纪参与者应对达到交易所报告界限的客户所提供的有关材料进行初审,然后报告交易所。境外中介机构应对达到交易所报告界限的客户所提供的有关材料进行初审,然后由期货公司会员或境外特殊经纪参与者转交交易所。期货公司会员、境外特殊经纪参与者、境外中介机构应保证客户所提供的材料的真实性和准确性。

第三十八条　交易所将不定期地对会员、境外特殊参与者、境外中介机构或客户提供的材料进行核查。

第三十九条　客户在不同期货公司会员、境外特殊经纪参与者处开有多个交易编码,各交易编码持有头寸合计达到报告界限,由交易所指定并通知有关期货公司会员或境外特殊经纪参与者,负责报送该客户应报告情况的有关材料。

第七章　强行平仓制度

第四十条　为控制市场风险,交易所实行强行平仓制度。强行平仓是指当会员、境外特殊参与者、客户违规时,交易所对有关持仓实行平仓的一种强制措施。

第四十一条 当会员、境外特殊参与者、客户出现下列情形之一时,交易所有权对其持仓进行强行平仓:

(一)会员或其受托结算的任一明细账户的结算准备金余额小于零,并未能在规定时限内补足的;

(二)非期货公司会员、境外特殊非经纪参与者和客户持仓量超出其限仓规定的;

(三)因违规受到交易所强行平仓处罚的;

(四)根据交易所的紧急措施应予强行平仓的;

(五)其他应予强行平仓的。

第四十二条 强行平仓的执行原则:

强行平仓先由会员、境外特殊参与者自己执行,会员应督导委托其交易结算的境外特殊参与者、境外中介机构和客户执行。除交易所特别规定外,对开设夜盘交易的品种,其时限为夜盘交易小节、第一节和第二节交易时间内;对未开设夜盘交易的品种,其时限为第一节和第二节交易时间内。若时限内会员未执行完毕,则第三节起由交易所强制执行。因会员或其受托结算的任一明细账户的结算准备金小于零而被要求强行平仓的,在保证金补足至最低结算准备金余额前,禁止该明细账户的开仓交易。

属第四十一条第(三)、(四)、(五)项的强行平仓,其强行平仓时间由交易所另行通知。

(一)由会员、境外特殊参与者执行的强行平仓头寸的确定

1.属第四十一条第(一)、(二)项的强行平仓,其需强行平仓头寸由会员、境外特殊参与者自行确定,只要强行平仓结果符合交易所规则即可。

2.属第四十一条第(三)、(四)、(五)项的强行平仓,其需强行平仓头寸由交易所确定。

(二)由交易所执行的强行平仓头寸的确定

1.属第四十一条第(一)项的强行平仓,交易所以该会员在 13:00 的结算准备金余额为依据,计算会员或其受托结算的明细账户应追加的交易保证金,该会员或其受托结算的明细账户的所有客户按交易保证金等比例平仓原则进行强行平仓,前项所述的强行平仓执行完毕后,该账户结算准备金仍小于零的,交易所对会

员的其他明细账户或者受托结算明细账户对应的持仓按照前项原则执行强行平仓:

平仓比例=会员或其受托结算的明细账户应追加交易保证金/会员或其受托结算的明细账户交易保证金总额×100%

客户应平仓释放交易保证金=该客户交易保证金总额×平仓比例

客户需要强行平仓的头寸的总体确定原则为先非组合持仓、后组合持仓。其中:

(1)平非组合持仓时,按先期货、后期权的原则选择强行平仓合约。

平非组合持仓中的期货持仓时,按先投机、后套期保值,再按上一交易日结算时合约总持仓量由大到小顺序选择强行平仓合约。

平非组合持仓中的期权持仓时,按先期权卖持仓、后期权买持仓,先投机、后套期保值,再按上一交易日结算时合约总持仓量由大到小顺序选择强行平仓合约。

(2)平组合持仓时,按组合优先级由低到高顺序选择强行平仓合约。

若多个账户需要强行平仓的,按追加保证金由大到小的顺序,先平需要追加保证金大的账户。

2.属第四十一条第(二)项的强行平仓:若既有投机持仓超仓也有保值持仓超仓,则按先投机持仓后保值持仓的顺序强行平仓。

若客户在多个期货公司会员处持有投机持仓,则按该客户投机持仓数量由大到小的顺序选择期货公司会员强行平仓。若多个客户投机持仓超仓,则按客户投机超仓数量由大到小顺序强行平仓。

3.属第四十一条第(三)、(四)、(五)项的强行平仓,强行平仓头寸由交易所根据涉及的会员、境外特殊参与者、境外中介机构和客户具体情况确定。

若会员同时满足第四十一条第(一)、(二)项情况,交易所先按第(二)项情况确定强行平仓头寸,再按第(一)项情况确定强行平仓头寸。

第四十三条 强行平仓的执行:

(一)通知。

交易所以"强行平仓通知书"(以下简称通知书)的形式向有关会员下达强行平仓要求。通知书除交易所特别送达以外,通过会员服务系统随当日结算数据发送,有关会员可以通过会员服务系统获得。境外特殊参与者的强行平仓通知书送达至为其结算的会员,会员应当及时通知相关境外特殊参与者。

(二)执行及确认。

1. 在自行强行平仓时限内,有关会员、境外特殊参与者必须首先自行平仓,直至达到平仓要求;

2. 超过会员、境外特殊参与者自行强行平仓时限而未执行完毕的,剩余部分由交易所直接执行强行平仓;

3. 强行平仓执行完毕后,由交易所记录执行结果并存档;

4. 强行平仓结果随当日成交记录发送,有关会员可以通过会员服务系统获得。境外特殊参与者的强行平仓结果送达至为其结算的会员,会员应当及时通知相关境外特殊参与者。

第四十四条 强行平仓的委托价格为该合约的涨(跌)停板价格,强行平仓的成交价格通过市场交易形成。

第四十五条 如因价格涨跌停板或其他市场原因而无法在当日完成全部强行平仓的,交易所根据结算结果,对该会员、境外特殊参与者或客户做出相应的处理。

第四十六条 由于价格涨跌停板限制或其他市场原因,有关持仓的强行平仓只能延时完成的,因此发生的亏损,仍由直接责任人承担;未能完成平仓的,该持仓持有者须继续对此承担持仓责任或交割义务。

第四十七条 除第四十一条第(三)项外,强行平仓产生的盈利或者亏损均归持仓人。持仓人是委托期货公司会员交易的客户的,强行平仓后发生的亏损,由该客户开户所在期货公司会员先行承担后,自行向该客户追索;持仓人是委托境外特殊经纪参与者、境外中介机构交易的客户的,境外特殊经纪参与者、境外中介机构应辅助其委托交易结算的期货公司会员强行平仓,强行平仓后发生的亏损,由为该境外特殊经纪参与者、境外中介机构交易结算的期货公司会员先行承担后,自行向该境外特殊经纪参与者、境外中介机构追索,境外特殊经纪参与者、境外中介机构承担损失后,自行向该客户追索。

本办法第四十一条第(三)项实施的强行平仓,亏损由相应的会员、境外特殊参与者或客户承担,盈利计入交易所营业外收入。

会员、境外特殊参与者或客户强行平仓产生的盈利或者亏损根据《大连商品交易所结算管理办法》平仓盈亏有关规定计算。

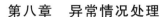

第八章 异常情况处理

第四十八条 在期货交易过程中,当出现以下情形之一的,交易所采取紧急措施化解风险,并可以宣布进入异常情况:

(一)地震、水灾、火灾等不可抗力或计算机系统故障等原因导致交易、结算、交割、行权与履约等业务无法正常进行;

(二)出现结算、交割、行权与履约危机,对市场正在产生或者将产生重大影响;

(三)期货价格出现同方向连续涨跌停板,有根据认为会员、境外特殊参与者、境外中介机构或者客户违反交易所交易规则及其实施细则并且对市场正在产生或者即将产生重大影响;

(四)交易所规定的其他情况。

出现第一款第(一)项异常情况时,交易所总经理可以采取调整开市收市时间,暂停交易,调整交易时间,暂停挂牌新合约,调整相关合约最后交易日、到期日、最后交割日、交收日等日期,调整标准仓单和交割相关业务,调整期权行权、履约及相关对冲业务,调整资产作为保证金业务,取消未办理的相关业务申请,调整强行平仓实施时间,调整保证金收取标准或者方式,调整涨跌停板幅度,调整合约结算价、交割结算价,调整相关费用收取标准及结算时间,调整结算数据发送方式等紧急措施;出现第一款第(一)项异常情况且交易指令、成交数据错误、丢失无法恢复的,交易所总经理可以决定取消未成交的交易指令,理事会可以决定取消交易。

出现第一款第(二)、(三)、(四)项异常情况时,理事会可以决定采取调整开市收市时间、暂停交易、调整涨跌停板幅度、提高交易保证金、暂停开仓、限期平仓、强行平仓、限制出金、强制减仓等紧急措施。

第四十九条 交易所宣布异常情况并决定采取紧急措施前必须报告中国证监会。

第五十条 交易所宣布进入异常情况并决定暂停交易时,暂停交易的期限不得超过3个交易日,但经中国证监会批准延长的除外。

第五十一条 发生技术故障,存在下列情形时,交易所不承担责任:

(一)因不可抗力引发的技术故障;

(二)非因交易所过错引发的技术故障;

（三）法律、法规、规章规定的其他免责情形。

第九章　风险警示制度

第五十二条　交易所实行风险警示制度。当交易所认为必要时,可以分别或同时采取要求报告情况、谈话提醒、发布风险提示函等措施中的一种或多种,以警示和化解风险。

第五十三条　出现下列情形之一的,交易所可以要求会员、境外特殊参与者、境外中介机构或客户报告情况,或约见指定的会员、境外特殊参与者、境外中介机构高管人员或客户谈话提醒风险:

（一）合约价格出现异常变动;

（二）品种、合约成交持仓比出现异常变动;

（三）会员、境外特殊参与者或客户交易行为异常;

（四）会员、境外特殊参与者、境外中介机构或客户持仓变化较大;

（五）会员、境外特殊参与者、境外中介机构或客户持仓量过大,或持仓占比过高;

（六）会员、境外特殊参与者、境外中介机构或客户成交量过大,或成交占比过高;

（七）会员或其受托结算明细账户资金变化较大;

（八）会员、境外特殊参与者、境外中介机构或客户涉嫌违规;

（九）会员、境外特殊参与者、境外中介机构或客户被投诉;

（十）会员、境外特殊参与者、境外中介机构或客户涉及司法调查或诉讼案件;

（十一）交易所认定的其他情形。

交易所要求会员、境外特殊参与者、境外中介机构或客户报告情况的,会员、境外特殊参与者、境外中介机构或客户应当按照交易所要求的时间、内容和方式如实报告。

交易所实施谈话提醒的,会员、境外特殊参与者、境外中介机构或客户应当按照交易所要求的时间、地点和方式认真履行。

交易所如果使用电话提示方式,应保留电话录音;如果使用视频谈话方式,应保存相关视频;如果使用现场谈话方式,应保存谈话记录。

第五十四条　发生下列情形之一的,交易所可以向全体或部分会员、境外特殊参与者、境外中介机构和客户发出风险提示函:

（一）期货市场交易出现异常变化；

（二）国内外期货或现货市场发生较大变化；

（三）会员、境外特殊参与者、境外中介机构或客户涉嫌违规；

（四）会员、境外特殊参与者、境外中介机构或客户交易存在较大风险；

（五）交易所认定的其他异常情形。

第十章　附　则

第五十五条　违反本办法规定的，交易所按《大连商品交易所违规处理办法》的有关规定处理。

第五十六条　交易所对期权交易风险管理有特别规定的，适用其规定。

第五十七条　本办法解释权属于大连商品交易所。

第五十八条　本办法自公布之日起实施。

（附件略）

附录三　大宗商品交易实践教学安排

一、实践目的

通过实践教学使学生了解大宗商品交易理论、分析与操作的流程以及大宗商品交易与产业发展的关系,提高动手能力,增强专业技能和实践能力,从而提高教学质量。

二、实践内容和步骤

1. 前期准备

熟练掌握模拟交易软件操作,制订周密的学习计划和交易策略、交易方案,做好充分的准备工作。

2. 交易过程

每节课留出操作时间,学生自主选择感兴趣的期货合约品种进行模拟交易,在交易过程中与指导老师进行互动交流,深入了解大宗商品的交易流程。

3. 总结体会

学生总结交易过程中的经验教训,完成总结报告,并在课堂上通过 2—3 分钟的演讲来分享经验。

三、实践要求

(1)以个人账户操作为主,学生之间可以相互讨论策略,即时咨询指导老师。

(2)慎重操作,善用资金(模拟起始资金为 100 万元),要多观察、思考操作流程。在操作过程中有问题要及时提问及总结,要进一步搜集相关产业及期货咨询信息,并进行深入研究,为操作提供参考。

(3)总结体会要言之有物,体会要深刻。总结报告要图文并茂,要有账户盈亏截屏。不论成功与失败均要积极深刻总结。

四、实践教学课时

项目名称	教学内容	课时	教学要求	教学方法
大宗商品交易制度与规则	大宗商品模拟交易软件账户开通； 大宗商品模拟交易软件初始数据设定； 挂单交易，熟悉交易制度及术语	2	熟练掌握模拟交易软件注册账号及初始数据设定知识，上报账号； 熟悉交易术语的盘面含义	实践操作 现场辅导
大宗商品交易基本面与技术面分析	现货仓单与期货合约； 期货合约的基本元素及交易注意事项； 产业链分析与交易策略； 组合趋势线分析	2	通过产业链分析制定当天的交易策略； K 线组合、KDJ 指标以及 MACD 指标的实战运用	实践操作 现场辅导
大宗商品交易投机与套利	基差与套保策略在实战中的运用； 交易中合理把握套利机会	2	利用期货与现货的基差把握交易盈利机会； 综合运用各种套利方式	实践操作 现场辅导
风险控制与组合策略的经验总结	期货与现货结合，化解风险； 交易经验总结与分享，展望未来行情	2	"三位一体"期现结合交易模式运用技巧； 上台讲演，分享交易体会	实践操作 现场辅导

五、实践教学考核评价办法

1.指导思想

实践教学是培养技能型人才的关键,为加强实践教学的管理,建立良好的实践教学秩序,提高学生的实践动手能力,特制定本考核评价办法。

2.组织实施

由任课教师担任指导老师,全面负责指导学生模拟交易,学生独立完成操作,老师认真评审实践总结报告以及学生分享的演讲。

3.考核方式

(1)模拟交易小结(总结)报告为该课程实践教学环节的考核依据,全部总结材料留档。

(2)主要考核总结报告的质量。

(3)总分为 100 分,两次考核成绩占平时成绩的 50%。

4.考核测评内容及其权重

测评内容	权重/%
态度认真,积极参与实践教学,模拟交易积极主动,会咨询老师	20
在模拟过程中认真、负责、谨慎、耐心、细致,不懂就问	20
模拟操作执行力与控制力较强,能在指导老师的指导下完成模拟交易	20
总结报告内容全面完整,有数据和分析,上交及时	40
合计	100

附录四 学生报告示范(项目实践一)

大宗商品交易课程第一阶段交易总结与体会

姓名：_____   班级：_____   学号：_____

我在第一阶段选择的交易品种是铁矿石 1809 合约。从 2018 年 3 月 13 日开始先以多头开仓,后又反手,空头开仓,到 2018 年 3 月 28 日平仓,扣除手续费共赢利 1882.28 元。

一、第一阶段资金总结

第一阶段交易资金如图 1 所示。

客户风险率	0.00%	平仓盈亏(盯/浮)	0.00/0.00
期初权益	1,001,882.28	持仓盈亏(盯/浮)	0.00/0.00
当前权益	1,001,882.28	总盈亏	0.00/0.00
可用资金	1,001,882.28	持仓保证金	0.00
可取资金	1,001,882.28	挂单冻结	0.00
质押金额	0.00	手续费	0.00
交易所风险率	0.00%		

图 1 交易资金汇总

2018 年 3 月 13 日成交记录单如图 2 所示。

客户账单_成交记录单

成交日期	交易	合约	成交编号	买/卖	成交价格	手数	成交金额	开/平	手续费	盯市平仓盈亏	浮动平仓盈亏	权利金	套投
20180313	大连	i1809	01000006	卖	491.500	5	245750.00	平仓	29.49	-500.00	-21250.00	0.00	投机
20180313	大连	i1809	01000007	卖	491.500	5	245750.00	开仓	29.49	0.00	0.00	0.00	投机
		合计				10	491500.00		58.98	-500.00	-21250.00	0.00	

图 2 成交记录单 1

2018 年 3 月 13 日持仓盈亏单如图 3 所示。

客户账单_持仓盈亏单

日期	成交编号	合约代码	合约名称	买手	买价	卖手	卖价	昨结算价	今结算价	持仓盈亏	履约保证金	套投
20180313	01000007	i1809	铁矿1809	0	0.000	5	491.500	492.500	490.500	500.00	24525.00	投机
		合计		0		5				500.00	24525.00	

图 3　持仓盈亏单

2018 年 3 月 13 日客户交易编码如图 4 所示。

客户账单_交易编码

资产账号	交易所编码	交易所名称	交易编码	交易编码类型
110691	F1	郑州交易	1110691	
110691	F2	大连交易	22110691	
110691	F3	上海交易	33110691	
110691	F4	金融交易	900444110691	投机
110691	F4	金融交易	900455110691	套保
110691	F4	金融交易	900466110691	套利

图 4　客户交易编码

2018 年 3 月 28 日成交记录单如图 5 所示。

客户账单_成交记录单

成交日期	交易	合约	成交编号	买/卖	成交价格	手数	成交金额	开/平	手续费	盯市平仓盈亏	浮动平仓盈亏	权利金	套投
20180328	大连	i1809	01000014	买	445.000	5	222500.00	平仓	26.70	1500.00	23250.00	0.00	投机
		合计				5	222500.00		26.70	1500.00	23250.00	0.00	

图 5　成交记录单 2

2018 年 3 月 28 日平仓盈亏单如图 6 所示。

客户账单_平仓盈亏单

平仓日期	交易	合约	平仓编号	买/卖	平仓价	开仓价	手数	结算价	平仓盈亏	权利金	开仓编号	开仓日期	套保
20180328	大连	i1809	01000014	买	445.000	491.500	5	448.000	1500.00	0.00	01000007	20180313	投机
		合计					5		1500.00	0.00			

图 6　平仓盈亏单

二、第一阶段交易总结

我从上学期起一直关注铁矿石的信息,所做的交易也是与铁矿石相关的。在进行铁矿石交易之前,先要对铁矿石进行基本面分析,然后分析铁矿石最新信息,再进行技术面分析。

(一)基本面分析

夜盘铁矿石主力合约价格弱势震荡,I1809 合约成交尚可,尾盘大幅减仓收于537.5。宏观方面,国家发展和改革委员会提出加快建立多主体供应、多渠道保障、租购并举的住房制度;本周地方"两会"将聚焦民生经济;2017 年,全社会用电量为 63077 亿千瓦时,同比增长 6.6%;全国电源新增生产能力(正式投产)13372

万千瓦,其中,水电1287万千瓦,火电4578万千瓦;我国新能源汽车产销量连续三年居世界首位,未来将保持政策连续性;2017年重卡产销量创新高,2018年重卡销量有望稳定增长;2017年广州二手房交易量增长21%,城区、郊区"两重天"。行业方面,国家发展和改革委员会公布2017年煤炭、钢铁等重点领域去产能任务均超额完成,2018年上半年将开展防范"地条钢"死灰复燃的专项大检查;国家统计局公布数据称,我国2017年12月铁矿石产出同比增长0.9%,达10922万吨。现货方面,目前迁安66%干基含税现金出厂715—725元/吨,枣庄65%干基含税出厂695元/吨。进口矿方面,山东港口PB粉主流价格为540元/吨左右。目前成材端冬储行情启动,价格的反弹对原料形成一定提振作用,铁矿石现货市场报价坚挺,上周钢厂补库较为积极,周初采购偏弱,近期到港以主流矿为主,短期价格或以震荡为主,主力合约关注530一线支撑。

(二)分析铁矿石最新消息

(1)2018年4月16日,唐山普方坯现金含税价下跌10元/吨,至3460元/吨。国内钢材市场震荡运行,涨跌互现。25个主要城市中,上海、济南、北京、贵阳等11个城市螺纹钢价格下跌10—50元/吨,广州、合肥、沈阳、重庆、兰州等9个城市螺纹钢价格上涨10—50元/吨,上海、福州、北京、沈阳等9个城市热卷价格上涨10—50元/吨,多数城市持稳观望。京唐港61.5%澳洲粉矿报460元/吨,较上一交易日价格下跌3元/吨。

(2)生态环境部预测,2018年4月16日至20日京津冀区域将出现与往年相比较重的污染。唐山市人民政府决定,自4月15日20时起采取应急减排措施,解除时间另行通知。其中,钢铁企业在执行非采暖季错峰生产要求的前提下,烧结机限产50%。

(3)2018年4月11日,一季度钢铁行业经济运行座谈会在北京召开。中国钢铁工业协会党委书记兼秘书长刘振江强调,面对国际国内的新情况,我们要保持定力、阵脚不乱。要坚决应对贸易保护主义挑战,我们会越打越强,要坚决进行供给侧结构性改革不动摇,巩固去产能的成果,继续扩大战果,在产能和产量控制、力保平稳运行上认真操作,睁大眼睛关注市场变化,要让第二季度比第一季度好。

(4)据中国钢铁工业协会统计,2018年3月下旬重点钢企粗钢日产估算值为178.83万吨,环比减少0.06%。全国估算值为231.30万吨,环比减少0.05%。旬末重点企业库存为1338.43万吨,环比减少9.51%。

(5)2018 年 4 月 9 日 22 时 28 分,陕钢集团龙钢公司 4 号高炉顺利点火开炉,为期 43 天的大修工作终于顺利落下帷幕。此次检修是自 4 号高炉 2010 年投产以来的首次大修,主要任务是彻底消除 4 号高炉炉壁侵蚀严重、煤气泄漏安全隐患,以利于高炉更好地投入生产。

(6)淡水河谷第一季度铁矿石产量为 8200 万吨,此前预期为 7540 万吨;淡水河谷一季度铁矿石销量为 7120 万吨,同比增长 9%。

基本面分析与市场研判:钢材期现市场总体维持震荡,环保限产等供给干扰因素并未利好到刺激市场全面上涨的程度,后期供给大幅上行的压力并没有彻底消除,需求释放导致钢材成交量居于高位,但进入 4 月下半月和 5 月需求能否持续保持亢奋状态依然值得怀疑。同时,潜在的贸易战大幅增加了市场的变数。在此背景下,核心问题在于供过于求的压力。如果去产能无法兑现为降产量,市场的天平最终将倾向于价格回落,钢矿期货市场正处于蓄势下跌的观望等待期。

(三)技术面分析

第一阶段铁矿石 1809 合约趋势线如图 7 所示。

图 7　第一阶段铁矿石 1809 合约趋势线

我就是在这一波铁矿石 1809 合约大幅度下跌时抓住了机遇,在这次下跌时赚了 1882.28 元。

MA 线(移动平均线)(主要分析 MA5 和 MA20)如图 8 所示。

图 8　MA 线

从图 8 中可以清晰地看出在这一波下降趋势中，MA5 线向下跌破 MA20 线，出现了死叉，这是一个趋势反转标志，此时我们应该平掉之前的多仓或者空头开仓，我就是在这一时刻平空仓、开多仓的。

三、第一阶段交易体会

我们在交易时应该将技术面分析与基本面分析结合起来，在明显趋势出现时进行操作，但是也要关注时事新闻以防意外的发生。我们要养成顺势交易的好习惯，不养成抄底摸顶的坏习惯。还要了解止损的重要性。谁也不能保证每笔交易都是赚的，一旦投资方向错误，扛浮亏到受不了再砍，就会元气大伤甚至爆仓。要时常自我反省，养成写总结、做笔记的习惯。不要把天性中卸责的一面带到市场里，只会抱怨而不改变自己。要有耐心，不要把交易当赌博。最后，在交易之前必须学习技术，熟悉规则，了解市场，只有自身强大，才有赢利的可能。

附录五　学生报告示范(项目实践二)

大宗商品交易课程全阶段交易总结与体会

姓名：＿＿＿＿＿＿　班级：＿＿＿＿＿＿　学号：＿＿＿＿＿＿＿

一、铁矿石简介

铁矿石是钢铁生产企业的重要原材料,是含有铁单质或铁化合物的能够被利用的矿物集合体。

二、铁矿石期货基本面分析

(一)国内外市场

印度联邦矿业工业部官员称,2017—2018 年度的印度铁矿石产量 7 年来首次突破了 2 亿吨大关,达到了 2.1 亿吨,大部分位于奥里萨邦和卡纳塔克邦的增产使得总产量相比 2016—2017 年度提高了 9%。在印度最高法院取缔非法采矿以前,印度在矿业繁荣的 2010—2011 年,开采超过了 2 亿吨,而其后中国进口量的减少也导致了铁矿石产量的暴跌。

(1)港口现货整体平稳,青岛港 PB 粉维持 467 元/湿吨,折合盘面 516 元/吨。金布巴粉维持 407 元/湿吨,折合盘面 467 元/吨。普氏指数跌至 66.25 美元。

(2)澳洲铁矿石发货总量为 1396.2 万吨,环比减少 268.4 万吨,发往中国 1281.4 万吨,环比减少 124.4 万吨。巴西铁矿石发货总量为 897.8 万吨,环比增加 230.7 万吨。

(3)2018 年 3 月全球 64 个纳入世界钢铁协会统计的国家粗钢产量为 1.483 亿吨,同比提高 4.0%。

(二)供求关系

从需求端来看,2018 年 1—3 月环保限产的影响有限,高利润促使粗钢产量维持高位,而粗钢产量高企依旧是未来的主基调。

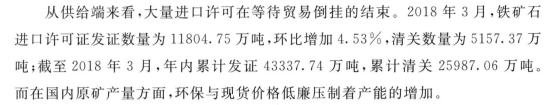

从供给端来看,大量进口许可在等待贸易倒挂的结束。2018年3月,铁矿石进口许可证发证数量为11804.75万吨,环比增加4.53%,清关数量为5157.37万吨;截至2018年3月,年内累计发证43337.74万吨,累计清关25987.06万吨。而在国内原矿产量方面,环保与现货价格低廉压制着产能的增加。

(三)基本面总结

钢厂高炉维持较快的复产步伐,同时港口矿石疏港量也恢复至高位,验证了钢厂积极复产的意愿。当前市场供需关系尚未恶化,钢铁供给回升仍然处于初级阶段,钢铁需求也并未明显转弱,供需格局相对平衡。由于受到供给扰动和钢厂提价的刺激,钢材价格相对偏强。然而,随着时间的推移,只要钢厂继续维持复产的态势,市场将逐步转向供过于求,钢价将由震荡偏强转为震荡趋弱。在钢价相对稳定的阶段,钢厂复产仍然有利于"矿强钢弱"的套利策略,同时煤价走势偏强也带动矿价走高,但矿价走势仍受制于高库存的压力。

三、铁矿石期货技术面分析

大连商品交易所铁矿石期货主力1809合约2018年5月14日早盘以482.5元/吨小幅高开,开盘后价格触及全日最低点,随后震荡运行,下午开盘后不久价格震荡高走,临近下午收盘收出全天最高价。全天最高价为490元/吨,全天最低价为481元/吨,最终报收于488元/吨,较上一交易日结算价上涨10.5元/吨,涨幅为2.2%,成交2675144手,持仓2108668手,较上一交易日增仓4274手(见图1)。

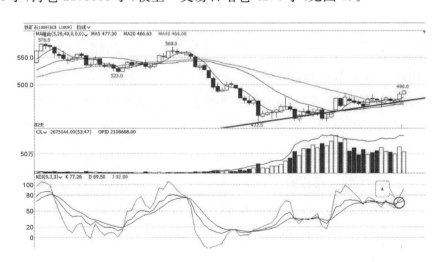

图1 大连商品交易所铁矿石期货发展趋势

在上升的趋势线中,经过多次触及和试探,价格并未向下突破支撑线,在A

点 K 线向上突破 D 线,形成金叉,同时 J 线向上突破 K 线和 D 线形成金叉,预示价格可能上涨,可以选择做多。采用倒金字塔的方式建仓,随着价格上升逐渐加仓。第一次开仓不超过资金的 20%,先试探买入 5 手,若价格继续上升,则继续加仓,相应的止损点和止盈点配合变化,同时要注意反弹。

四、交易总结与体会

(一)交易总结

铁矿盘中继续走跌,受此影响,港口现货价格普遍回落,市场心态偏空,钢厂采购意愿不强,且多集中于高品矿;在前期价格上涨中,钢厂已进行采购,而高炉复产情况不佳,导致钢厂相对库存仍处于正常区间,五一假期较短,而港口库存维持高位,因此钢厂节前补库节奏并不会明显加快,对矿价的提振作用有限。铁矿石价格涨势将放缓,回调后还需关注高炉复产情况,在钢材厂库降幅未显著收窄前矿价下方仍存在支撑。

利润偏高使得高炉复产积极性较好,钢厂铁矿石日均消耗量或将逐渐提高,叠加钢厂铁矿石库存处于同期相对低位,钢厂亦有铁矿石补库需求的预期,铁矿石需求端有一定支撑。但是徐州等地区环保限产影响有所扩大,对铁矿石仍有压制。综合来看,铁矿石价格走势偏震荡。另外,海外矿山发货量年内低点已过,未来发货量中枢将逐步抬高,铁矿石供应大概率将继续宽松。下方仍有支撑,近期矿价以高位震荡运行为主。

受环保干扰,目前大中型钢厂进口矿库存低位运行,但随着高炉产能利用率走高,日耗将逐步走高,将提振铁矿石需求,存一定补库空间,带动铁矿石价格阶段性反弹。接下来应该多单止盈,暂时观望,等待逢高做空机会。

(二)交易体会

2018 年 4—5 月,我主要交易了农副产品以外的期货,上次购买 PTA 买错方向,这次选择做多,在取得盈利后选择了平仓。由于上次交易中最大的失误主要是选择错合约,买入时未考虑到合约即将交割结束,造成最大的一笔亏损,所以这次主要选择了交割时间久的 1809 合约。这次主要交易了玻璃和铁矿石,铁矿石开仓 50 手,玻璃开仓 5 手,其他一些合约开仓主要在 5 手和 10 手之间,这次比上一次交易更加大胆,在不爆仓的前提下开仓,建立多个选择。其中因为 4 月份看错字母不小心买入的白糖还留到现在,虽然还是亏损状态,但已经减少了亏损,看后期是否有去掉亏损的可能。相较于 3 月、4 月,5 月的持仓比较多,资金风险率最高时达到 60％以上,经过部分仓位平仓,尽量将资金风险率降低。

作为一个稳健的投资者,我一般选择长期交易,较少选短期交易,这样风险较低。

我的账户资金盈利情况、账户交易情况、账户交易平仓盈亏单如图 2、图 3、图 4 所示。

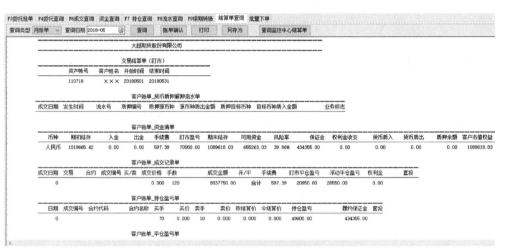

期初权益	当前权益	可用资金	平仓盈亏	持仓盈亏	总盈亏	持仓保证金	资金风险率
1,089,618.03	1,089,618.03	655,263.03	0.00	21,200.00	21,200.00	434,355.00	39.86%

F3委托挂单　F4委托查询　F6成交查询　资金查询　F7 持仓查询　F8流水查询　F9银期转账　结算单查询　批量下单

合约	买卖	今开可用	历史开可	总可用	总持仓	开仓均价	履约保证金	盯市盈亏	浮动盈亏	交易市场	交易编码	盈亏点数
FG809	买入	0	5	5	5	1386	13,580.00	0.00	-2,800.00	F1	11110718	-28
SR809	买入	0	5	5	5	5580	27,390.00	0.00	-5,100.00	F1	11110718	-102
i1809	买入	0	50	50	50	477	242,000.00	0.00	37,500.00	F2	22110718	8
v1809	卖出	0	10	10	10	6965	34,675.00	0.00	1,500.00	F2	22110718	6
ru1809	买入	0	10	10	10	11770	116,710.00	0.00	-9,900.00	F3	33110718	-20

图 2　账户资金盈利情况总览

图 3　账户交易情况

客户账单_平仓盈亏单

平仓日期	交易	合约	平仓编号	买/卖	平仓价	开仓价	手数	结算价	平仓盈亏	权利金	开仓编号	开仓日期
0		合计			0.000	0.000	30	0.000	20950.00			0

客户账单_交割记录单

交割日期	交易所	合约	买/卖	手数	成交价格	成交金额	交割结算价	盈亏	手续费	浮动盈亏
0		合计		0	0.000		0.000	0.00	0.000	0.00

客户账单_资金流水单

币种	日期	时间	流水号	业务名称	入金	出金	备注

客户账单_待交割持仓单

成交编号	合约	买手	买价	卖手	卖价	昨结	交割结算价	持仓盈亏	保证金

客户账单_交易编码

资产账号	交易所编码	交易所名称	交易编码	交易编码类型
110718	F1	郑州交易	11110718	
110718	F2	大连交易	22110718	
110718	F3	上海交易	33110718	
110718	F4	金融交易	900444110718	投机
110718	F4	金融交易	900455110718	套保
110718	F4	金融交易	900466110718	套利

图 4　账户交易平仓盈亏单

课件

试题库